荣耀

RONG YAO

李作言　著

中共中央党校出版社

图书在版编目（CIP）数据

荣耀 / 李作言著 .-- 北京：中共中央党校出版社，2022.7

ISBN 978-7-5035-7317-0

Ⅰ.①荣… Ⅱ.①李… Ⅲ.①纪实文学—中国—当代 Ⅳ.① I25

中国版本图书馆 CIP 数据核字（2022）第 093332 号

荣耀

RONG YAO

策划统筹 曾忆梦
责任编辑 刘海燕 席 鑫
漫画设计 冯胜男
责任印制 陈梦楠
责任校对 王 微
出版发行 中共中央党校出版社
地 址 北京市海淀区长春桥路 6 号
电 话 （010）68922815（总编室） （010）68922233（发行部）
传 真 （010）68922814
经 销 全国新华书店
印 刷 北京盛通印刷股份有限公司
开 本 710 毫米 ×1000 毫米 1/16
字 数 161 千字
印 张 14.5
版 次 2022 年 7 月第 1 版 2022 年 7 月第 1 次印刷
定 价 48.00 元

微 信 ID：中共中央党校出版社 邮 箱：zydxcbs2018@163.com

目录 CONTENTS

自序

读懂百年背后的一树繁花

子在川上曰："逝者如斯夫！"

100年不长，却可以创造历史；100年不短，足以让沧海变桑田，而对于一个政党来说，100年，恰是风华正茂。掠过百年沧桑风云，回顾成立之初、战斗之始，御敌之难、合作之苦、建国之璀、发展之艰，中国共产党筚路蓝缕，奠基立业。瞻望前行之路、倡议之举、复兴大业，时间如箭镞，事业如弓弦，直奔"两个一百年"的奋斗目标，早日实现中华民族的伟大复兴。

斗转星移，沧桑巨变。

没有什么可以轻易把人打动，除了内心深沉的爱，还有对历史过往的敬畏。写下这些文字的时候，我们将渐次迎来共产党成立101周年、105周年、110周年等喜庆日子，正有一种力量，从往事回眸中悄悄袭来；正有一种感念，从远处的历史烟云中弥漫；正有一份责任，从广袤的大地上升腾！如何读懂、永葆这百年的一树繁花？如何检视、叩问这由弱变强、由小变大、由一国及全球的逻辑力量？如何激发传承初心使命的澎湃动能？如何保持、积攒干事创业的冲劲、韧劲、实劲？

心中无崎岖山道，眼前皆万般春景。2021年7月1日，习近平总书记在庆祝中国共产党成立100周年大会上的讲话中指出："敢于斗争、敢于胜利，是中国共产党不可战胜的强大精神力量。实现伟大梦想就要顽强拼搏、不懈奋斗。今天，我们比历史上任何时期都更接近、更有信心和能力实现中华民族伟大复兴的目标，同时必须准备付出更为艰巨、更为艰苦的努力。"这里阐释的是精神动能，投射出的却是中国共产党100年不懈奋斗的光辉历程、成功之道、发展铁律。

时代需要发声人，时代需要记录者。震撼于这血与火铸造的历史图景，我们在记录中感动、在敬畏中学习、在感悟中奋起。

从党史中感悟艰苦卓绝。党的历史中镶满了闪亮的名字，如群星灿烂于星空。"南北相约建党""旅欧支部""共产主义小组""工农联盟""三湾改编""遵义转折""国共谈判""共和国新生"，这些光辉历程中，无数先烈践行初心使命，纯粹而炽热、厚重而隽永；无数革命先烈用鲜血染红了革命旗帜，从井冈山风云、娄山关战火到西柏坡的"赶考"情怀，革命先烈用生命保存了伟大火种，用信仰淬炼了民族精神，用担当铸就了复兴之路，一步一个脚印，一步一段磨砺，才换来了今日"和平醒狮"归来的荣耀时刻。

新中国的钟声响彻祖国大地。中国这样一个幅员辽阔、历史悠久、人口众多、文化底蕴深厚的发展中大国，只有汇聚起人民的智慧和力量，才能顺应历史发展规律，大踏步赶上时代，进而引领时代。我们的目光穿越历史的时空，那里有上海外滩的证券大楼、大庆油田和巡天的"东方红"卫星，那里有雷锋、焦裕禄、钟扬、罗阳等奋斗者、拼搏者的身影，那里有滔滔红旗渠水、塞罕坝绿洲如茵、三艘航母英姿威武。一位建设过成昆铁路的老铁道兵回忆道："现在的人也许不理解，但是这段岁月代表了一代年轻人的梦想。我们一不怕苦，二不怕死，这就是我们那个时代的年轻人的信仰和精神力量。"对于前辈先贤的付出和奉献，我们唯有心存感恩，唯有逐光而行。

用新的创造拥抱美好梦想。在改革开放以来的时代大潮中，有这样一群人，他们起于草根、成长于市场经济的浪潮中，以前所未有的魄力和勇气，站在时代热土上，开辟出一篇篇大书特书的时代新局，他们或是改革先锋，或是创业者，或是普通工人，但他们有一个共同的名字就是——共产党人。他们把为党和人民事业奋斗作为最高人生追求，在担当尽责中彰显了共产党人的初心和使命。在书中，就是国门初启之时，脑袋容易碰到玻璃门的"出国囧"；就是长三角一体化发展由概念变为实操的"化茧为蝶"；就是钟扬对种子的不渝追求、焦裕禄对兰考的深沉之爱、王进喜对油田的一往情深，就是罗阳对航母如蛟龙出海的万千期盼！山以险峻成其巍峨，海以奔涌成其壮阔。这一切使命担当都汇成一段段波澜壮阔的改革开放洪流，共产党人的智慧、胆识和勇气，充沛的创新情怀、无畏的改革先锋、奋起的家国意识，点点滴滴的付出，镌刻成今日的盛世繁华！

就是在中国共产党的带领下，我们用了几十年时间走完发达国家数百年走过的发展路程，实现了从站起来、富起来到强起来的历史性飞跃。人民生活得到极大改善，实现了从短缺走向充裕、从贫困走向小康的历史性飞跃。这一切都被世界看在眼里，各国对中国产生了浓厚的兴趣和无边的好奇。

中国共产党为什么能，中国特色社会主义为什么好，归根到底是因为马克思主义行！这个在1936年首次通过美国记者斯诺的笔端传播到世界去的中国共产党人真实面貌，在80多年后又一次刷新了人们的认知。

信仰信念的忠贞不渝。神州曾经长夜漫漫，但诞生于民族危难之际、国家危亡之时的中国共产党，从一开始就坚持马克思主义为自己的指导思想，一开始就志存高远，从解决民族与国家生存和发展的历史问题出发，定位自身、考虑问题、驾驭时局，在中国革命、建设和发展的伟大进程中不断淬炼磨砺，凝聚力量，实现自我壮大，从一个共产主义小组发展到今天世界上最大的政党，拥有490多万个组织，9600多万名党员，并成功领导14亿多中国人民进行中国特色社会主义建设的伟大实践。高举马克思主义的真理旗帜就是中国共产党永葆生机活力、实现从胜利走向新的胜利的强大精神伟力所在。

价值引领的人民情怀。穿越百年岁月，我们党自成立之日起，就把“人民”二字写在了自己的旗帜上，广大党员也把“人民”二字深深印刻在自己的内心里。党的事业，人民的事业是靠千千万万党员的忠诚奉献不断铸就的。从1934年长征中三位女红军给徐解秀家里的“半条被子”，到数十年如一日坚守太行山的李保国，从将一腔热血洒向高原的孔繁森，到带领群众铺就绝壁天路的毛相林，从“时代楷模”张桂梅先后帮助1804个贫困山区女孩圆了大学梦，到新冠肺炎疫情突袭而至时奋战抗疫最前线的钟南山，无数共产党人以一己之力扛起千钧重任，以身作则、模范带头，以无私奉献的爱国情怀为我国事业的发展、群众的幸福贡献力量。江山就是人民，人民就是江山。中国共产党人的奉献精神、时代价值生生不息，在中国大地开花结果、世代相传。

理论创新的巨大勇气。我们党的历史，就是一部不断推进马克思主义中国化的历史，就是一部不断推进理论创新、进行理论创造的历史。实践发展永无止境，解放思想永无止境。中国共产党坚持理论创新，回答时代之问、人民之问，为中国的未来发展指明了方向和道路。复旦大学中国研究院客座教授马丁·雅克说，中国共产党有生命力的原因，就是她成功地把马克思主义中国化。党的百年历史，是在风云激荡中高擎马克思主义伟大旗帜、在披荆斩棘中坚定马克思主义信仰的一百年，是始终高度重视思想建党、理论强党，不断推进马克思主义中国化的一百年。正是在坚持科学回答时代课题，扎根新时代的伟大实践之中，秉持独立自主中的骨气、志气，秉持自我发展的正气，通过延安十三年释放出来的元气、锐气，终于孕育出与马克思主义一脉相承、自成一格的中国化马克思主义。逾百年而不辞，虽艰辛更砥砺。马克思主义科学真理和中国实际相结合的理论硕果累累，理论高峰郁郁葱葱，这曲折、转变与新进展均源于中国共产党人不屈不挠、奋勇拼搏的巨大勇气，源于征服自己、超越自己的无比自信，源于中国事情中国人办的自重昂扬、自豪珍视。时空虽已变幻，但中国共产党人初心未改、斗志不减、勇气不衰。

天若有情天亦老，人间正道是沧桑。

奋斗的中国会更加美好。一切辉煌成就都是接续奋斗的结果，一切伟大事业都要在继往开来中推进。躬逢新时代，让我们立足于中华大地，承百代之流，会当今之变，劈波斩浪、勇毅笃行，必将在中华民族伟大复兴不可逆转的历史进程中创造新的发展奇迹。

京津道上的“建党之约”

1920年初，李大钊等早期共产主义者意识到成立共产主义政党的必要性。2月的一个夜晚，陈独秀乔装由李大钊亲自护送去天津，转往上海避难。

一位是创建中国共产党的“立其基”和“导其先河”者，一位是新文化运动旗手、五四运动“总司令”。他们一路星光，一路交谈达成共识。特别是李大钊和陈独秀相约建党。1927年5月24日汉口《民国日报》报道，陈独秀“（由武汉讲演）返京后则化装同行避入

（李大钊）先生本籍家中，在途中则计划组织中国共产党事”。

150公里的星光路

境界决定命运，眼光决定成败。

在中国共产党建党史上，南陈北李是一段佳话。陈独秀和李大钊从北京朝阳门出城驱车，去往天津，以便从那里乘火车赴上海。一辆骡车，一路颠簸，他们一边赶路，一边交换意见。特别是涉及思想理论建设、骨干党员人选、队伍建设、对外联络关系等，有这么长的一段路，既是历史的契机和幸运，也是相约建党的美好初心。

陈独秀到达上海后，2月14日致信京师警察厅厅长吴炳湘，夏间备承优遇，至以感佩。日前接此间友人电促，前来面商西南大学事宜，匆匆启行，未及报厅，颇觉歉仄，特此专函补陈，希为原宥。事了即行回京，再为面谢，敬请勋安。当时南北分据，脱离虎口不忘幽上一默，是为文人风骨。

随着共产党蓬勃发展，反动军阀视之为洪水猛兽，拼命绞杀红色革命力量。1926年4月，奉系军阀张作霖入关后，大肆镇压国共两党的革命人士，北京处在严重的白色恐怖中，李大钊领导北方区委继续和各地党组织保持联系，持续斗争近1年之久。1927年4月6日，李大钊和其他80名革命志士被张作霖逮捕。

李大钊说，平凡的发展，有时不如壮烈的牺牲足以延长生命的音响和光华。这个“生命”对于李大钊来说就是“革命生命”，他以共产主义革命先驱的凛然大义诠释着牺牲自我的壮烈情怀。4月28日，李大钊高呼着“共产党万岁”，在绞刑架上英勇就义。

“牺牲永是成功的代价”。这是李大钊的牺牲奋斗观，他也是这么要求自己的。在李大钊的灵柩于浙寺停放六年之后，为地下党和李大钊同仁举行了公葬。4月22日，由革命团体互济会出面操办，在浙寺举行了隆重的公祭仪式。

生死之地有真理。1933年4月23日清晨，蒋梦麟、马裕藻等北大同仁及教育界人士、各大中学青年学生、工人及军人700多人，陆续赶到李大钊灵前致祭，参加出殡仪式。当李大钊灵柩进入万安公墓时，便见一辆骡子车疾驰赶来。车上用棉袄和花圈覆盖着一块石碑，上面刻着“革命导师李大钊之墓”几个大字，碑额上镶刻着镰刀斧头图案。

陈独秀、李大钊商定“中国共产党”名字

说起“中国共产党”这个名字的由来，还有一段小故事。当年蔡和森与毛泽东之间有书信往来，毛泽东非常认可蔡和森起的“中国共产党”这个名字——旗帜鲜明。这在陈、李筹备建党过程中也是浓墨重彩的一笔，毕竟一个组织叫什么名字直接反映出党的性质和宗旨。

五四时期流传的一首歌谣这样描述陈、李：“北大红楼两巨人，纷传北李与南陈。孤松独秀如椽笔，日月双悬照古今。”1920年6月，陈独秀、李汉俊等5人成立中国共产党的第一个早期组织。8月在征询李大钊意见后，正式定名为“共产党”。该组织实际上也起到了发起各地组织的作用。

李大钊率先在中国系统地宣传马克思主义。1917年俄国十月革

命胜利后，李大钊用敏锐的眼光看到了民族求得解放的希望，连续发表了《法俄革命之比较观》《庶民的胜利》《布尔什维主义的胜利》等文章，并断言“试看将来的环球，必是赤旗的世界”。李大钊紧跟历史发展和时代进步的潮流不断探索，凭着这种不断探索的精神，当思想条件和组织条件逐渐成熟时，他提出了建立中国共产党的主张。李大钊是中国共产党的主要创始人之一，他为党的建立在思想上、组织上和实践上作出了重大贡献。李大钊在《团体的训练与革新的事业》一文中指出，我们现在还要积极组织一个团体，这个团体不是政客组织的政党，也不是中产阶级的民主党，乃是平民劳动家的政党，即是社会主义团体。

从1918年7月李大钊发表的《法俄革命之比较观》和1919年7月写就的《我的马克思主义观》等文充分表明，李大钊已经触摸到十月革命一声炮响送来的马克思主义，并最早开始系统介绍其基本原理，这些卓有成效的工作不仅吸引了陈独秀来到马克思主义轨道上，还影响、团结了一大批优秀革命青年。

1919年12月18日，毛泽东率领“驱张”代表团到达北京，还特地拜访了他的老师李大钊，向他汇报了湖南青年运动的情况。李大钊为进一步引导毛泽东走上马克思主义道路，特意向他推荐了一批有关共产主义和俄国十月革命的中文书籍，其中有马克思、恩格斯的《共产党宣言》和柯卡普写的《社会主义史》等。受李大钊的影响，毛泽东对布尔什维克主义有了越来越浓厚的兴趣，更建立了他对这个伟大学说的信仰，坚定了走上马克思主义大道的决心。

1920年，陈独秀发表《论政治》一文，表示赞成阶级斗争和使用革命暴力。1920年8月，上海共产党组织成立前后，陈独秀曾给李大钊、张申府写信，商量党组织叫“社会党”好还是叫“共产党”好。李大钊认为俄国社会民主党已经改称“共产党”，其他一些原叫“社会党”的也准备改名“共产党”，所以还是叫“共产党”好，他在征求了当时共产国际代表维经斯基意见后，正式复信陈独秀，党的名称就叫“共产党”。

就这样，建党的重任历史性地落在陈独秀肩上。

老渔阳里的灯光

1915年，陈独秀在上海创办《青年杂志》(后易名《新青年》)，大力宣传民主和科学（德先生、赛先生)。1919年6月，陈独秀起草《北京市民宣言》，在前门外新世纪游艺场散发，呼吁各界营救在五四运动中被捕的学生，结果被守在那里的暗探抓捕，后在各界营救下被释放，但陈独秀依然受到严密监视限制。在很难开展革命活动的情况下，陈独秀和李大钊作出一个大胆的决定，那就是离开北京前往上海。

不久后，陈独秀住进法租界环龙路老渔阳里2号（今南昌路100弄2号）的石库门里弄，《新青年》编辑部也随之由北京再迁回上海。仿佛有着神奇的磁力，这里先后聚集了李汉俊、俞秀松、邵力子、沈玄庐、陈望道等一批新文化运动者和早期共产主义者。上海已成为输出新文化范畴的进步知识分子的思想聚集地。

1920年4月，拿着李大钊的亲笔介绍信，维经斯基前往上海法租界环龙路老渔阳里2号（今南昌路100弄2号）拜访陈独秀。陈独秀坦诚地告诉访者，“我同李大钊相约，在南北方联手共建中国共产党，你们的来访正是求之不得。”

心领神会，遥相呼应。1920年2月，陈独秀等人在上海发起组织上海工读互助团。3月，北京相应组织成立；同时，李大钊在北大成立了“马克思学说研究会”。4、5月间，陈独秀在上海成立“马克思主义研究会”，为建党做了理论上、思想上、组织上的准备。自此，夜色虽如墨，火种已点燃，在勤奋苦读之下依稀可见翌年的树德里灯光。

正当国内紧张筹备建党之际，1920年春，俄共（布）全权代表维经斯基来华考察中国能否建立共产党组织问题。李大钊非常认同要在中国建立一个类似俄国共产党那样的组织，并行书一封，介绍他去上海和陈独秀商谈。在李大钊看来，经过五四运动的并肩战斗、京津道上的倾心交谈、北京大学文科学长的社会影响，陈独秀已是振臂一呼、从者如云的领军人物，作为即将诞生的共产党组织发起人和组织者，没有任何人比他更具有凝聚力、号召力和战斗力了。

1920年4月，李大钊在北京会见了维经斯基及其夫人一行，加深了对十月革命、对苏维埃制度、对世界革命的认识，增强了信心。李大钊在建党中的贡献之一就是他同维经斯基的会面，使新生的共产党组织获得了共产国际的大力支持帮助。自此以后，北方李大钊和南方陈独秀通力合作，发动周边力量共同组织建党，中国共产党的早期组织就在各地如雨后春笋般涌现出来，加入共产党组织成了先进人物的理想追求。正如毛泽东后来在延安和斯诺谈及中共一大时所说，在这个大会的组织上，起领导作用的是陈独秀和李大钊，他们两人都是中国最有才华的知识界领袖。

就这样，一批早期共产主义者脱下长衫，丢下文明棍，走出书斋，穿上工服、深入工人，筑牢了共产党早期组织深厚的工人运动根基。在1921年“五一”国际劳动节当日，上海共产党发起组成员集体出动，几名热血青年到先施公司的七层楼上，像天女散花似的把传单、标语投到大马路（南京路）上。这是共产党领导下的第一个“五一”劳动节庆祝会，初步显示出共产党组织与工人运动结合的雄伟力量。

1921年，在历史承接与演进的拐点处，终于迎来近代中国革命的一抹亮色。

湖面上，那一道“红色”波痕

1921年8月1日傍晚，距离上海100多公里之外的浙江嘉兴南湖，画舫流连处，草木争辉时，到处是生命的律动，孕育着中国共产党的伟大开端。

中共一大的最后一次会议在一条称作“单夹弄”的画舫上继续进行。傍晚，船上响起记录员毛泽东浓重的湖南乡音：会议完成全部议程，通过党的纲领和决议，中国共产党正式宣告成立。选举出陈独秀为中央局书记的领导机构。代表们神采飞扬，举杯齐声低呼：中国共产党万岁！

来自日本警视厅的密报

1921年7月30日，中国共产党第一次代表大会正在召开，突然一个身着灰布长衫的中年男子从虚掩的后门闯了进来。机警的李汉俊连忙拦住他，问他找谁，来人声称找“社联的王主席”。李汉俊告诉他“社联”不在此楼，要他离开，但此人却站定环视四周后方才离去。这个人就是法租界巡捕房密探程子卿。共产国际代表马林建议立即休会，“分途”转移他所。代表刚刚转移十几分钟后，大批巡捕包围了住宅。

苦难辉煌，伟大的政党注定在困难中诞生，注定在血与火的考验中成长壮大。据日本历史学家石川祯浩的著作《中国共产党成立史》中记载，就在中国共产党宣布成立之时，日本警视厅已经得到了准确的情报：6月末得到的情报说，上海支那共产党近期将召集各地（北京、上海、广州、苏州、南京、芜湖、安庆、镇江、蚌埠、济南、徐州、郑州、太原、汉口、长沙）代表开会，日本人也将参加。1920年6月，施存统经戴季陶介绍和推荐，来到日本读书，住在戴季陶的日本朋友宫崎滔天的家里，而宫崎滔天的长子宫崎龙介，是日本著名社会活动家，曾经是东京帝国大学新人会的发起人之一。施存统刚到日本时与无政府主义分子有过接触，使得日本警察的监视网开始对施存统进行侦查。1921年4月23日，日本警视厅的报告称，施存统已经不是一个无政府主义者，而是一边与陈独秀、李达等上海共产党互相联络，一边与正在筹备成立日本共产党的堺利彦、高津正道等日本社会主义者接触。李达寄往日本的信件及日本社会主义者准备发行的秘密刊物，都是由施存统接收、转交、传递，这时的施存统已经充当了“沟通中日两国共产主义运动的桥梁”的角色。

恰恰在那时候，日本人高清正道出版了一篇介绍中国共产主义运动的文章《支那的布尔什维克运动》，文章不但非常具体而详细地列举了中国“布尔什维克信奉者”的真实姓名，如陈独秀、李大钊、戴季陶等，还列举了机关刊物《共产党》，最为不应该的是把活动内容和地方组织所在地也公布于众。据高清正道讲，此文是经过施存统的指教，为此还深表感谢。1921年6月，施存统被日本警视厅逮捕，并“接受警视厅外事科的讯问”。这些事情接二连三地为日本警视厅侦探中国共产党成立及大会事宜提供了第一手资料，接着他们就让正处于筹备期的中国共产党处于监控之下，通报给了驻上海的各国当局。

“明目张胆正式成立一个中国共产党”

中国共产党人从一开始就注重吸收和借鉴世界文明优秀成果。即使留在国内的毛泽东等人也在用自己的思考方式去研究、认识这个世界。1910年，17岁的毛泽东从一本《世界英杰传》里，读到拿破仑、叶卡捷琳娜女皇、彼得大帝、华盛顿、卢梭、孟德斯鸠和林肯等人的事迹后，对同学萧植蕃说，中国也要有这样的人，文明应该讲求富国强兵之道，顾炎武说得好，天下兴亡，匹夫有责。在湖南省立第一师范学校学习期间，毛泽东和蔡和森成为同学，志同道合。杨昌济老师称赞他们：“二子海内人才，前程远大，君不言救国则已，救国必先重二子。”

在外国先进思想的影响下，青年毛泽东渴望了解外面的世界。1918年6月，毛泽东积极组织青年赴法、俄勤工俭学。为了保证学习效果，他计划待做好准备后再出国留学。

在欧风美雨的浸润之下，许多革命家都选择走出国门，前往异国他乡直接感受和学习国外积极思想文化成果。李大钊、周恩来、蔡和森、邓小平等早期革命家开始用宽广的眼界和胸襟去观察和把握世界发展局势，对中国革命实践发挥了至关重要的作用。

1919年12月，蔡和森和妹妹蔡畅、母亲葛健豪以及向警予等30余人，从上海乘船赴法。“到达法国后，大家尽情地呼吸新鲜空气，努力学习了解新思想、新理念。”蔡和森通过阅读、比较大量的文献，确认“马克思的唯物史观，显然为无产阶级的思想”，迅速成为一名坚定的马克思主义者。

1920年7月6日至10日，赴法国的新民学会会员蔡和森、向警予、李维汉等和部分工学励进会会员共20余人，在蒙达尔纪召开会议，史称“蒙达尼会议”。蔡和森主张组织俄式共产党，走俄国十月革命的道路，以此改造中国。他两次致信毛泽东，一次致函陈独秀。在给挚友毛泽东的信中，蔡和森更明确提出了“明目张胆正式成立一个中国共产党”，第一次系统提出了建党理论和建党原则。毛泽东在复信中说：“见地极当，我没有一个字不赞成。”

蔡和森还积极宣传马克思主义，身边逐渐团结起一批进步青年，并与周恩来、赵世炎等一起筹组中国共产党旅欧早期组织，成为其创始人之一。1921年，蔡和森回国后在上海加入中国共产党。1931年，遭叛徒出卖被捕牺牲，年仅36岁。他用自己的生命，诠释了对党铁一般纪律的遵守和执行。毛泽东曾评价：“一个共产党员应该做的，和森同志都做到了。”

南湖上劈波前行的红船

胸罗文章兵百万，胆照华国树千台。

既然会场不安全，经过研究，大家决定分批转移到浙江嘉兴南湖游船上进行。南湖位于嘉兴城南，距离上海不远，且有铁路相通，早上7时35分乘沪杭火车，10时25分到嘉兴站，湖上可以包租游船，随意游玩，也比较隐蔽、安全。选择这个地方，跟李达夫人王会悟是嘉兴人有关，她对南湖的周边情况、社会情况很熟悉。

根据一大代表回忆，一大南湖会议是在一艘方便接送游客和购物所用的单夹弄丝网船上举行的，代表们装作打麻将牌消遣的人们。当时是阴雨天气。湖面上有四五条游船，船就停在比较僻静的地方，用篙撑住，王会悟坐在船头望风。会议继续进行上海的未了议程：审议中国共产党纲领草案，审议中国共产党宣言草案，选举中国共产党全国领导机构。会议经过认真、热烈的讨论，通过了《中国共产党第一个纲领》《中国共产党第一个决议》，还选举陈独秀为中央局书记，张国焘为组织主任，李达为宣传主任。中国共产党正式宣告成立。

这些热血青年为了求索救国救民之道，投身改造中国社会的时代洪流中。低沉的吼声在游船上响起，在红船上开启了从石库门到天安门的抗争之路，革命的火种开始熊熊燃烧，逐渐燎原壮大、映照神州。

石库门见证了斗争的险恶，南湖游船在时代的浊浪中顽强破浪前行；中国共产党人从这里出征，从这里谱写奋斗历程、宝贵经验、革命业绩和崇高精神。习近平总书记提出：一定要保护好、利用好“我们中国共产党人的精神家园”，从党的创建史中“解读我们党的初心”。

这来之不易的一段征程，这无言肃立的古建筑、宁静如镜的南湖水面，处处激荡着“开天辟地、敢为人先，坚定理想、百折不挠，立党为公、忠诚为民”的伟大红船精神，处处昭示着红色基因的伟大动能，处处迸发出耀眼的信仰之光、理想之火，催人奋进、永不停息。

1925：工农狂飙风云涌

中共四大是党史上意义非常重要的一次会议，是工农运动从孕育走向高潮的转折点，也是周恩来、瞿秋白、彭述之等进入中央领导核心，成为中共早期重要领导人的起点。

1925年1月11日，在上海闸北区横浜路6号的一幢三层楼的石库门房子里，中共四大悄然开始。会场设在二楼，布置成英文补习班的样式，有讲台、黑板、课桌椅，还给与会的20多人每人准备了一册英文课本作为掩护。周恩来当时担任大会主席。这位27岁的年轻人，1924年8月从巴黎回国，10月份便担任了黄埔军校的政治部主任。初次主持会议的周恩来，明敏干练，应付自如，对大会上的许多问题给予很好的总结提炼，充分表现出一位出色的行政人才的本领，给与会代表留下深刻印象。

在解放战争胜利的前夜，联共（布）政治局委员米高扬赶到西柏坡与周恩来交谈后，对师哲等人说："周恩来将是中国新政府一位很好的总理。"斯大林则对中共代表团说："你们将来一建国，就有个现成总理，周恩来。"

这次会议后，伴随着"二月罢工""五卅运动""省港大罢工"等波澜壮阔的工人运动兴起，中国共产党人已经和近100万中国工人一起站到了历史的潮头之上，将国民革命不断推向高潮。

合作中的冲突

当时，在国共两党的共同努力下，以打击帝国主义在华势力和推翻北洋军阀为目的的国民革命正在全国范围逐步推进，大革命的暴风骤雨正在酝酿之中。与此同时，经过两年多的合作，冲突进一步显现，一股反革命逆流正在潜滋暗长，国民党内部的左、右派别进一步分化，国共两党关系趋向复杂，中国革命面临着需要重新审视和解答的新问题，特别是国民革命的领导权问题、革命重点问题、自身建设问题都异常突出起来。

1925年注定是一个冲突之年。

在苏俄支持下的国共合作并非一帆风顺，合作中的冲突日益扩大。一方面国民党不但思想上依靠我们复活和发展他们的三民主义，而且组织上也依靠我们，在各省普遍建立党部，发展组织。国民党左派在各地的国民党组织中都占优势。但树欲静而风不止。1924年6月，国民党内的右派分子向国民党中央执行委员会提出《弹劾共产党案》，声称共产党员加入国民党“于本党之生存发展，有重大妨害”，“绝对不宜党中有党”。8月，又抛出所谓《护党宣言》，诬蔑共产党员加入国民党的目的是消灭国民党。

面对国民党右派的进攻，中共中央于7月1日发出党内通告，要求各级党组织坚决揭露国民党右派的反动活动。陈独秀、恽代英、瞿秋白、蔡和森等连续发表文章，痛斥国民党右派违背国民党一大政纲、破坏革命队伍内部团结的反动言行。此刻，摆在年轻共产党人面前的重要问题是：在这场日益高涨的大革命浪潮中，共产党人是应当在国民党的旗帜下为了国民革命运动去组织工人、农民以及青年，还是应当由共产党直接去组织群众？

国民议会运动的开展为中国共产党走上历史舞台奠定了坚实基础。

历史既是反抗，也是一种发展的路径。1924年底至1925年春，国民会议运动是中国共产党抓住北京政变和孙中山北上的时机，领导全国人民开展的一次伟大的人民运动。在中国共产党建议下，孙中山于11月4日决定离粤北上，并于11月10日发表“北上宣言”，前往北京共商国是。宣言中，孙中山主张用召开国民会议的办法解决当前时局问题。中国共产党于11月19日发表了“第四次对时局主张”，表示支持孙中山的“北上宣言”，重申了召开国民会议的主张。全国各大城市人民团体纷纷发表宣言、通电，拥护党的主张、拥护国民会议，形成广泛的政治宣传运动。在北京，中国共产主义运动的先驱者李大钊亲自领导成立的“国民会议促成会”就很有影响。从历史的长波段来看，在20世纪20年代初期，国民会议运动的激越举动，在政治与社会上的主张，不啻是对沉闷、压抑岁月的控诉。

党正是抓住北京政变的时机，为实现全国人民的愿望，发起和领导的以国民会议为口号的人民运动，扩大了革命宣传，把革命种子散播全国，大大推动了以罢工运动为主要内容的革命高潮的进程。

弄堂里的红色会议

20世纪20年代，在北洋军阀的高压之下，相较于“寂寞荒凉”的北京来说，上海日益成为一个新文化的聚集之地，先进知识分子、共产党人巧妙利用公共租界、法租界和华界之间的“缝隙作用”，形成和拓展了诸多革命活动空间。一大批中国共产党早期领袖在上海艰难探索，有的办刊物启发民智；有的深入工厂，办夜校聚集火种；有的从上海起航域外，探究革命真理，寻求救国救民之道，这里可以称得上是中国共产党人的“初心之地”“精神家园”。

根据中共二大的决议，全国代表大会每年由中央执行委员会定期召集一次。按照惯例，中共四大应于1924年召开。1924年8月31日，中共中央以“锺英”（谐音）的代号发出《关于召开四大致各地党组织的信》，称“第四次全国大会为期不远”。9月15日，“锺英”又向各地方委员会发出《关于召开四大的通知》，明确指出中共四大定于当年11月召开，并将四大要讨论的问题以及代表推举的细则告知各地组织，要求各地方党组织提交议案。

一位学者模样的外国男子来到上海，他就是受共产国际派遣的俄国人维经斯基（中文名为吴廷康）。他与中国的共产主义者关系十分密切，被称为共产国际的“中国通”。维经斯基曾于1924年4月来过中国，并参加了5月召开的中共中央执委会扩大会议。1924年11月底，他与陈独秀一起主持召开了为期一周的中央全会，确定了四大的中心议题，参与审定了中共四大的基本材料和提纲。

在早期共产党活动中，人口频繁流动、居民成分复杂、四通八达的石库门，有利于长期隐蔽。与中共一大、二大一样，中共四大的选址也是与周边马路相连，一旦出现意外，撤退也比较方便。在当时参加会议的李逸看来，开会是在三层楼的石库门上海旧式楼房里，印象比较深的就是江北女工和她所烧的每餐都是塌棵菜加几片五花肉片。“当日我们由宝山路北行，不久进入右首一条横巷，在一座弄堂顶端走进一座三层石库门的后门，直上3楼。那空荡荡的房间就是我们的宿舍。”

中共四大召开时，出席的代表有陈独秀、蔡和森、瞿秋白、谭平山、周恩来、彭述之、张太雷、陈潭秋、李维汉、李立三、王荷波、项英、向警予等20人，代表当时全国994名党员。大会选出了新的中央执行委员会，遗憾的是毛泽东没有能够当选。新当选的中央执行委员共9人，他们是陈独秀、李大钊、蔡和森、张国焘、项英、瞿秋白、彭述之、谭平山、李维汉；候补执行委员5人，他们是邓培、王荷波、罗章龙、张太雷、朱锦堂，陈独秀担任中央总书记。

这次大会历史意义重大，最为突出的就是提出了中国无产阶级在民主革命中的领导权问题和工农联盟问题，特别是后者的提出，指明无产阶级及其政党如果不发动农民起来斗争，中国革命的成功和无产阶级领导地位是不可能取得的。同时，在组织建设上为了迎接群众斗争高潮的到来，规定有三个党员即可成立一个支部，这就是从精英党走向群众党的重大转型。当然还有一个对领导人称呼的改变。四大之后，陈独秀声明，以后各级委员会总负责人概称“书记”，沿袭至今。

1926年上半年，蔡和森任中共驻共产国际代表团团长，在莫斯科大学所作的讲演中，对这次会议的重要意义作了如下精彩的评论。“中国革命发展到了新的阶段……使党走上领导群众的路上去，且是走上广大的道路，也就是党的开始行动的时期……在第四次代表大会，理论的根据和党的政策都非常正确，党内的各种错误的倾向也减少了……党的政策走到行动的时期了，所以第四次代表大会是形成群众党的开始的基础，因此在党的历史上有很大的意义。”

五卅运动：工农创新局

上海是一座英雄的城市，处处都镌刻着红色基因，提示着这座城市发生的历史过往。

五卅惨案震惊全国，鲜血曾染红南京路。五卅运动纪念碑，坐落于南京西路、西藏中路西南侧的一片绿地中。纪念碑的碑体、基座等都是采用泰山山麓的花岗岩，代表着烈士的牺牲重于泰山。两个不屈不挠的工人形象组成的青铜雕塑充分展现出五卅运动的不屈抗争精神。

1925年5月15日，上海内外棉七厂的日本资本家枪杀带领工人冲进工厂要求复工的工人顾正红（16日因伤势过重不治身亡），打伤

10多名工人。这一流血事件成为五卅反帝运动爆发的导火线。

5月28日，在陈独秀主持下，中共中央在宝兴里的中央机关所在地召开紧急会议，通过了《扩大反帝运动和组织五卅大示威》的决议。会议决定：把工人的经济斗争转变为反对帝国主义的政治斗争，发动学生和工人在30日到租界内举行大规模的反帝示威活动。

5月30日，上海学生和各界群众2000多人在市中心南京路进行宣传和示威，反对日本帝国主义枪杀中国工人，反对租界当局逮捕学生，反对损害中国工商业者利益。英帝国主义巡捕对示威群众进行血腥镇压，打死13人、逮捕100多人，造成震惊中外的五卅惨案。当天深夜，中共中央在宝兴里再次召开紧急会议，决定由瞿秋白、蔡和森、李立三、刘少奇、刘华等组成行动委员会，要求把斗争扩大到各阶层人民中去，结成反帝联合阵线；发动上海工人总罢工、学生总罢课、商人总罢市，抗议帝国主义屠杀中国人民。

探寻历史的足迹，总能让人感佩中国共产党前进的铿锵足音。6月11日，上海的群众大会有20多万人，而在全国则有1700多万人直接参加了运动。从大城市到偏僻乡村，从北国之疆到南国沙基，由上海的斗争延伸到广州香港的罢工，到处发出“打倒帝国主义”“废除不平等条约”的怒吼。这一声声争取民族独立的宣言与中共四大首次明确提出无产阶级领导权和工农联盟问题密不可分，中国共产党的领导力量迅速壮大，党员人数从四大开会时统计的994人，到年底已发展到1万人，增加到10倍。

国际悲歌歌一曲，狂飙为我从天落。《新青年》《前锋》《向导》，党的理论宣传日渐成熟，被马克思主义武装起来的工农运动新的一页终于开启了。

八一功在第一枪

千钧之力，破晓而来。

1927年8月1日凌晨，在周恩来等几位前委领导下，贺龙、叶挺、朱德、刘伯承等率领军队2万多人，举行南昌起义。一时间，南昌城内枪炮雷鸣，硝烟弥漫。起义军经过4个小时的激战，消灭敌军3000多人，控制了全城。

南昌起义是在中国革命最困难、最危险的时刻爆发的，是中国共产党为了挽救中国革命而进行的一场伟大壮举。这是正义的第一枪，划破历史长空，震惊国内外。它诞生了一支由中国共产党独立领导的新型人民军队，在中国共产党历史上开辟了一个新的时期。这次起义像一声春雷，使千百万革命群众在经历了一系列的严重挫败后，在黑暗中看到了高高举起的火炬。

历史如同一幅画卷，在眼前徐徐展开。

南昌城头一声枪响

在白色恐怖下，参加南昌起义、后来担任新四军政治部主任的袁国平曾给母亲寄来一张照片，后面有几句话，反映了当时革命前的情境。“1927年5月顷，反革命谋袭武汉，形势岌岌，革命志士莫不愤恨填膺，舍身赴敌。”

汪精卫公开背叛革命，实行“宁可枉杀千人，不可使一人漏网”的血腥屠杀政策，一大批共产党人和革命志士倒在血泊之中。

筚路蓝缕，以启山林。

党中央决定还击，发动武装起义。起义者将目光转向了革命基础较好的南昌。1927年的南昌城面积8.28平方公里，人口约17万。7月19日，李立三、邓中夏前往第四军、第十一军开展工作；据南昌八一起义纪念馆资料记载，当年7月20日，李立三、谭平山、邓中夏、叶挺、聂荣臻等在九江举行谈话会，首次提出了“在南昌举行暴动”的建议。中共中央军委派聂荣臻、贺昌、颜昌颐组成前敌军委前往九江，向共产党员传达要举行武装起义的意图。7月24日，第四军参谋长、共产党员叶剑英在烟水亭第四军指挥部，以个人名义邀请贺龙、叶挺、高语罕、廖乾吾等人乘小船游湖，其间商定叶挺、贺龙不去参加汪精卫、张发奎召集的庐山会议，分别率领第二十四师和第二十军于25日开拔，乘火车前往南昌。

7月30日下午，叶挺召集二十四师的一部分营级以上军官和师部若干人员召开会议。叶挺指出，革命遭到严重的危机。他宣布，中央决定实行革命起义来挽救目前的危局，粉碎反革命分子的联合阴谋，以武装起义来回击反革命的进攻。与会人员摩拳擦掌，精神振奋。在袁国平的自传里这样写道，“要我到营部领红布数丈，分发全连官兵每人一条。”

南昌城区四周有城墙，共有七座城门。7月31日晚，一道“河山统一”的4字口令开始在城内悄悄传开。再过几小时，这4个字将成为区分起义军与反动派的重要标志。史料记载，为更准确、方便地区分敌我，起义军还采取了在颈上系红领带、夜里左臂扎白毛巾、用红十字在手电和马灯上作标志等方法，以便不用喊口令便可以识别出“自己人”。

8月1日，战斗正式打响，对敌人的野蛮屠杀的满腔怒火和复仇渴望，就像一团火在革命者胸中燃烧。经四小时的鏖战，起义军完全控制了南昌城。迎着清晨的曙光，一面象征胜利的红旗在总指挥部高高升起。

革命武装的科学认识

以南昌起义为起点，中国共产党为了坚持反帝反封建而领导人民进行的土地革命战争，是必要的、正义的、进步的，也是用血的代价换来的。

在党的成立初期，依旧把主要的精力放在组织工人运动上，也取得了较大的成绩，同时他们批评国民党的革命是一种脱离民众的单纯的军事运动，而自己却完全忽视了军事运动。到了1923年“二七惨案”发生后，中国劳动组合书记部开始反思，“劳动者能有武器，岂能任他们如此杀戮？”也就是到了这个伤及自身的危急时刻，中国共产党开始思考，不经过武装斗争，单单依靠罢工这个途径，是否能够取得革命的胜利？这一思考伴随着国共两党合作的结晶之一——黄埔军校建立，中国共产党开始推荐优秀青年参加，“开始懂得军事的重要。”1926年开始提出，“中国的潮流已渐由宣传群众组织群众而近于开始准备武装群众的时期”。瞿秋白说，“中国国民革命里极端需要革命的正式军队”。

但认识世界，不是一件容易的事。要真正做到以中国为中心，还需要一段血与火交织的历程。毛泽东提倡对实际问题不应当熟视无睹，应当捣毁“牛皮公司”，应当经过自己头脑深思熟虑，应当把理论与实践结合起来。在面临蒋、汪制造的一系列反革命政变时，新生的共产党措手不及。毛泽东一针见血地指出，党过去“不做军事运动专做民众运动”。他和张太雷等人纷纷提出武装农民“上山”，保存党掌握的军事力量，争取地方武装等策略应对国民党反动派制造的白色恐怖。很可惜的是在大革命后期，由于党内右倾机会主义错误的掣肘，自愿放弃对农民群众、城市小资产阶级和中等资产阶级的领导权，尤其是放弃对武装力量的领导权，致使革命遭受了严重损失。

“重新燃烧的革命烈火”

南昌城头一声枪响，拉开了我们党武装反抗国民党反动派的序幕。这是中国共产党历史上的一个伟大事件，是中国革命史也是中华民族发展史上的一个伟大事件。

起义的目的已经达到。南昌起义后，部队迅速进行整编。面对敌强我弱的形势，以周恩来为书记的中共前敌委员会和参谋团决定起义部队和革命委员会迅速撤离南昌，进取广东，重建革命根据地。8月24日早上开始会昌之战，战至中午，由于第二十五师迷路，没有及时赶到，国民党军队先是居高临下、后又凭险顽抗，战局对起义军不利。下午，援军赶到，叶挺抓住战机，加强预备队对国民党军队发起最后攻击，起义军呐喊冲锋，遥相呼应，国民党军队10个团全线崩溃。

会昌之战结束后，起义军经福建入粤。10月3日，在国民党军队四面进攻、起义军相继失利的情况下，周恩来在普宁县流沙镇会议上传达中央指示精神，宣布今后要打红旗、分田地，继续战斗。10月初，起义军在广东潮州、汕头地区失败。一部分由董朗、颜昌颐率领突围到海陆丰地区继续开展斗争；在三合坝地区的第二十五师余部，由朱德、陈毅率领，转移到湘南地区，开展游击战争。

这次起义也有深刻教训。周恩来曾指出，南昌起义军“用国民革命左派政府名义，南下广东，想依赖外援，攻打大城市，而没有直接到农村中去发动和武装农民，实行土地革命，建立农村根据地，这是基本政策的错误”。秋收起义之后才掀起从进攻大城市转到进军农村的伟大序幕。

正如后来毛泽东在《如何研究中共党史》一文中指出，我们要把马、恩、列、斯的方法用到中国来，在中国创造出一些新的东西。只有一般的理论，不用于中国的实际，打不得敌人。但如果把理论用到实际上去，用马克思主义的立场、方法来解决中国问题，创造些新的东西，这样就用得了。比如说，我们党在大炮没有、飞机毫无的条件下创造了八路军、新四军，这就是中国自己搞出来的。

南昌起义开启了中国革命新纪元。正如周恩来后来指出，八一功在第一枪，南昌起义标志着中国革命进入土地革命的新时期，之后党领导的武装起义、暴动如雨后春笋开始遍及全国，呈燎原之势，特别是余部和毛泽东领导的秋收起义会师后开辟了中国革命新道路，“在我军建军史上写下了光辉的第一页，对创建人民军队作出了重大贡献”。

车辚辚，马萧萧，将永远应验着、印证着中国共产党人最坚定的信念：始终如一地对革命的信念毫不动摇，迎着狂风恶浪坚持战斗毫不动摇。

八七会议："找着新的道路"

1927年8月7日，湖北省武汉市江岸区鄱阳街139号，这是一排三层西式公寓楼房的一间。20多名中国共产党人正在作出一项重大抉择，共产国际代表罗米那兹及纽曼、洛蜀莫娃也参加了会议。因为4月12日，远在上海的革命队伍被国民党反动派血洗，7月15日，武汉国民政府宣布"分共"，暴露反革命真面目，一时间武汉三镇杀声震天。

在20多平方米的房间内，毛泽东七次发言，为参会者最多。最后达成了会议最重要的成果，即确定土地革命和以武装反抗国民党反动派的屠杀政策为党在新时期的总方针。

八七会议是中国共产党前期至关重要的转折点。

“找着新的道路”

1927年，国民党内部结束两派内斗局面，迎来“宁汉合流”。蒋介石与汪精卫叛变革命，南京国民政府与武汉国民政府合并，重组中央委员会，达成“一致反共”共识。

中国共产党第一次国内革命战争彻底宣告失败，随时面临亡党的危险。在这一危急存亡的紧要关头，中共中央政治局成员共21人辗转汉口，决定总结前期失败教训，重组党组织政治局人员，制定新一轮的革命斗争方针。

给予基层分崩离析、两种思想矛盾冲突、人员大量罹难的中国共产党以全新的起点，为挽救中国国内革命抓住了宝贵的生机，是由国内革命失败到土地革命武装起义的历史转变。

但是，会议对武装斗争的战略问题并没有认真讨论过，大家的想法只是要像孙中山那样，在广东建立根据地，然后进行北伐，还未形成农村包围城市的思想。这是因为会议虽然提出土地革命和武装斗争是党的总方针，但实际上党的工作重心还没有真正地放在武装斗争上面，城市中心论的错误观点没有受到批判，党内多数领导同志也缺乏武装斗争的经验。直到毛泽东的《中国的红色政权为什么能够存在？》《井冈山的斗争》《中国革命战争的战略问题》等重要文章发表后，我们党才有了系统、完整的武装斗争的战略思想。

在敌人的屠杀下，中共党员数量从57000多人锐减到10000余人，大量的党组织、工会、农会被破坏，许多革命群众倒在血泊之中。何去何从？在严峻的形势面前，全体党员都期待着中央给出前进的方向。

在肃清党内的错误路线基础上，毛泽东在发言中指出了陈独秀不做军事工作的错误，第一次提出了枪杆子里面出政权的思想。他说：蒋介石、唐生智都是拿枪杆子起家的，我们独不管，现在已被注意，但仍没有坚决的概念。比如秋收起义，非要依靠军队不可，这次会议应重视这个问题，新政治局的常委要更加坚定起来注意这个问题。湖南这次失败，完全由于主观上的错误，以后要非常注意军事，"须知政权是枪杆子中取得的"。罗亦农说：过去党不注意夺取政权的武装，上海、湖南都是半途而废，这是非常错误的。他着重强调："以后要非常注意军事，须知政权是由枪杆子中取得的。"这是一个对中国革命有着极其重要意义的论断。这个论断是从大革命失败的血的教训中取得的。它指出了中国革命的特点，实际上提出了以军事斗争作为党的工作重心的问题。他建议"此次会议应重视此问题，新政治局常委要更加坚强起来注意此问题"。

八七会议开完后，主持中共中央工作的瞿秋白，向毛泽东征求意见，准备让他到上海中央机关去工作。毛泽东回答："我不愿去住高楼大厦，我要上山结交绿林朋友。"随即毛泽东以中央特派员的身份回湖南，于1927年9月9日发动和领导湘赣边界秋收起义。毛泽东过去做过工人运动、农民运动、学生运动和统一战线工作，却从来没有做过军事工作。根据实际需要，他勇敢地挑起了这副全新的担子。后来他说：“像我这样一个人，从前并不会打仗，甚至连想也没想到过要打仗，可是帝国主义的走狗强迫我拿起武器。”这时，全党都拿起了武器，到1928年6月中国共产党第六次全国代表大会之前，党在全国范围内组织领导了近百次武装起义，标志着我党进入了独立领导革命战争和红军的新时期。

中国共产党是从大革命失败的惨痛教训中懂得武装斗争的极端重要性的。毛泽东就讲过，“我是一个知识分子，当一个小学教员，也没有学过军事，怎么知道打仗呢？就是由于国民党搞白色恐怖，把工会、农会都打掉了，把五万共产党员杀了一大批，抓了一大批，我们才拿起枪来，上山打游击。”

“踏着先烈的血迹勇敢前进”

1933年7月11日，在毛泽东的主持下，中华苏维埃共和国临时中央政府人民委员会举行会议一致通过了建设红军烈士纪念塔的决议。毛泽东的题词格外醒目和凝重：“在反帝国主义与土地革命的伟大战斗中，许多同志光荣的牺牲了！这些同志的牺牲，表现了无产阶级不可战胜的英勇，奠定了中华苏维埃共和国的基础。全中国工农劳苦群众，正在踏着这些同志的血迹前进，推翻帝国主义国民党的统治，争取苏维埃在全中国的胜利。”

在中国共产党领导的革命运动中，不计其数的家庭作出了牺牲，这其中包括毛泽东，毛家先后有10多位亲属为革命献出了生命。1983年，人们在毛泽东妻子杨开慧长沙板仓老家住所的墙缝里发现了笔记本，里面这样写道：“我觉得我为母亲所生之外，就是为了他。假设有一天母亲不在了，他被人捉住了，我要去跟着他同享一个命运。"

毛、杨二人1920年结婚，1930年11月14日，杨开慧在长沙被杀害。正在江西指挥红军反"围剿"的毛泽东得知噩耗后，寄信给杨家人说："开慧之死，百身莫赎。"在我们熟悉的叙述中，这些痛苦被掩盖、被遗忘、被转化，在戏剧中、在各类题材中成了一曲充满浪漫主义气息、值得后人讴歌的历史，但在亲人的记忆中却并不容易忘却。新中国成立后，毛泽东在《蝶恋花·答李淑一》"我失骄杨君失柳，杨柳轻飏直上重霄九"中，"杨柳"一语双关，既指杨开慧、柳直荀二位烈士，又指杨、柳两种树，特指洁白的杨花柳絮。

"踏着先烈的血迹勇敢前进"这句话再朴实不过。然而，毛泽东深深记在脑海里。踏过千山万水，从巍巍井冈八百里罗霄山脉，来到苍莽的黄土高原，十余年岁月的磨砺，这句话不仅没有因岁月的流逝而湮没，相反还时常萦绕在他脑海中，并赋予了更新的含义，郑重地把它写进了1945年召开的党的七大报告之中。

1945年4—6月，中国共产党第七次全国代表大会在延安召开。在七大的政治报告中，对于为何要"踏着先烈的血迹勇敢前进"这一命题，对于那段血雨腥风的历史，毛泽东作了这样的诠释和回顾："到了1927年春夏之交，正当北伐战争向前发展的紧要关头，这个代表中国人民解放事业的国共两党和各界人民的民族统一战线及其一切革命政策，就被国民党当局的叛卖性的反人民的'清党'政策和屠杀政策所破坏了。昨天的同盟者——中国共产党和中国人民，被看成了仇敌，昨天的敌人——帝国主义和封建主义者，被看成了同盟者。就是这样，背信弃义地向着中国共产党和中国人民来一个突然袭击；生机勃勃的中国大革命就被葬送了。”“中国共产党和中国人民并没有被吓倒，被征服，被杀绝。他们从地下爬起来，揩干净身上的血迹，掩埋好同伴的尸首，他们又继续战斗了。他们高举起革命的大旗，举行了武装的抵抗，在中国的广大区域内，组织了人民的政府，实行了土地制度的改革，创造了人民的军队——中国红军，保存了和发展了中国人民的革命力量。”这句话的初衷、心迹，到了延安之后，毛泽东又进行了总结概括。据参加中国共产党第七次全国代表大会的代表回忆，毛泽东是饱含深情总结这段历史的，并流下了激动的热泪。

“八七会议”的名字是后人起的

会后一段时间，中共中央在陆续向全党发出的各种文件中，“中央紧急会议”和“八七紧急会议”交替使用。1928年7月9日，中共六大通过的《政治决议案》将其简称为“八七会议”。之后，党的各种文件或会议以及重要领导人的讲话均称其为“八七会议”并沿用至今。

“八七会议”是党的历史上一个重要转折点，是中国革命新的开端。但是，它在反对右倾错误的时候，又为“左”倾错误开辟了道路。政治上没有认识到应当根据各地不同的情况，组织正确的反攻或必要的策略上的退却，借以有计划地保存革命阵地，积蓄革命力量，却容许和助长了冒险主义和命令主义。盲动主义的因素在新的中央领导中出现，并成为第一次“左”倾错误的先导。有人搞不懂革命处于低潮为什么党内却出现了“左”倾盲动错误，因为当时领导人对中国政局的复杂性和中国革命的长期性缺乏认识，即使有类似认识，也被对敌人的满腔愤怒掩盖了，产生出一种近乎拼命的冲动。

拂去历史的烟尘，八七会议在其召开地淡黄色公寓默默见证之下，成了一座中国革命里程碑。

延河畔的整风运动

1945年，当毛泽东知道“整风运动”出现偏差、有人被伤害时，他到中央党校礼堂作报告说，今天我是特意来向大家检讨错误的，向大家赔个礼！并恭恭敬敬地把手举到帽檐下。一时间，礼堂里不少人心头一热、泪如雨下。

毛泽东是中国近现代的一位伟人，经历了党的孕育、诞生、曲折发展的全过程，看在眼里、急在心头，尤其是随着抗日战争战略反击阶段的即将到来，不仅要准备干部队伍，更要在大量干部中解决“马克思主义思想和非马克思主义思想之间的矛盾”，我们的党才能够大踏步地稳步前进。

“新者，革其旧之谓也”

为什么要组织一次整风运动？毛泽东在《论军队生产自给，兼论整风和生产两大运动的重要性》一文这样回顾到，1945年党员120多万，大多数是“农民及其他小资产阶级出身的，他们有很可爱的革命积极性，并愿接受马克思主义的训练”，“但是，他们是带了他们原来的不符合或不大符合马克思主义的思想入党的。这种情形，就是在一九三七年以前入党的党员中也是存在着的”。

这是一个极其严重的矛盾，一个绝对的困难。

1935年遵义会议后，党中央决定毛泽东重返中央高层，主持军事工作，而这时历经恶战，红军人数只剩下3万多人。事实告诉我们，选择毛泽东等于选择了一条可以开展井冈山革命斗争的正确道路，选择了一条结合实际、尊重国情的革命道路。离开了根据地的这一趟长征之旅注定艰难。虽然，在生死考验面前，经过通道会议、黎平会议、遵义会议等参与指挥红军行动，但要从思想上、根本上扭转党内教条主义和形式主义的危害，绝不像1929年扭转红四军的古田会议那样靠一封“九月来信”就能扭转得了，还要经过后面整风运动、七大召开，注定要在“马蹄声碎、喇叭声咽”之中穿越如铁之道。

如何处理马克思主义基本原理与中国革命实际情况，是一个棘手但也必须予以妥善解决的问题。1930年5月，毛泽东为了反对军中的教条主义在《反对本本主义》一文中这样写道：“不根据实际情况进行讨论和审察，一味盲目执行”，这种对待上级领导机关的态度是很不对的。“中国有许多专门从书本上讨生活的从事社会科学研究的共产党员，不是一批一批地成了反革命吗？就是明显的证据。”他指出，“马克思主义的‘本本’是要学习的，但是必须同我国的实际情况相结合。”“我们需要‘本本’，但是一定要纠正脱离实际情况的本本主义。”中国革命斗争的胜利要靠中国同志了解中国情况。

在一篇关于《大学》的文章中提到，“亲，当做新——新者，革其旧之谓也，言既自明其明德，又当推己及人，使之亦有去其旧，染之污也。”革新历来很难，但又不得不革。

在40年代的前期，中国共产党以延安为中心分高级干部和一般干部（广大党员）两个层面推进整风运动。1941年5月的毛泽东报告《改造我们的学习》到后面的两次讲演《整顿党的作风》《反对党八股》，整风运动在全党铺开。1944年5月21日至1945年4月20日扩大的党的六届七中全会原则通过的《关于若干历史问题的决议》，使全党尤其是党的干部对中国民主革命的基本问题的认识在马克思列宁主义基础上达到一致，这意味着整风运动胜利结束。其中，针对延安文艺界在整风运动中暴露的问题，1942年5月23日毛泽东发表的《在延安文艺座谈会上的讲话》被文艺界视为文艺创作的根本指针。

如银针之响于幽谷

诗人艾青、严辰，小说家罗烽、逮斐，画家张仃结伴化装来到延安。一个月路程冲破47道关卡。艾青激动地讲，我这个“流浪儿子”，终于回到了“娘”的怀抱！大批文艺青年和红军中的文艺工作者会聚延安，给延安文艺的百花园带来了生机盎然的新局面。

1942年整风运动开始后，由于文艺工作者对于人民群众丰富生动的语言缺乏充分的认识，作品显得言之无味，阳春白雪被高高吊打。音乐会上，有人从头至尾唱“啊……”，不看对象唱美声，好心的老乡疑是“打摆子”了，赶忙端来热姜汤；过去露天排戏，老乡边看边议论，此时关门排“大戏”，群众隔墙扔石头。延安老百姓还编了顺口溜批评这种脱离群众倾向。

有问题就要针对问题、解决问题。1942年4月间，毛泽东约请艾青交谈。毛泽东说：“现在延安文艺界有很多问题，很多文章大家看了有意见，有的文章像是从日本飞机上撒下来的；有的文章应该登在国民党的《良心话》上。你看怎么办？”“开个会，你出来讲讲话吧！”“我说话有人听吗？”“至少我是爱听的。”

在调研的基础上，毛泽东先后于5月2日、23日发表讲话，形成了《在延安文艺座谈会上的讲话》，为中国革命文艺的发展指明了方向。

他说：“我们的问题基本上是一个为群众的问题和一个如何为群众的问题。”具体讲，就是我们的文艺必须是“为人民大众的，首先是为工农兵的”；文艺工作者“必须和新的群众相结合，不能有任何迟疑”。“中国的革命的文学家艺术家，有出息的文学家艺术家，必须到群众中去，必须长期地无条件地全心全意地到工农兵群众中去，到火热的斗争中去，到唯一的最广大最丰富的源泉中去。”

萧三、艾青、塞克赴南泥湾。女作家丁玲和欧阳山在深入边区生活之后，分别创作了报告文学《田保霖》和《活在新社会里》。毛泽东看到这两篇作品后，当即写信勉励他们。丁玲感动地讲：“这封信给我很大帮助，我的新的写作作风开始了。什么是新的写作作风呢？就是写工农兵。”

不做《甲申三百年祭》中的“李自成”

思想的张力与政党的命运息息相关，某种成型的思想能否用精练的语言表达出来，直接体现为政党的生命力、凝聚力、战斗力，体现出政党意志能否转变为战略语言、胜利语言。

鉴于深重的思想之弊和惨痛的实践教训，反对主观主义以整顿学风，成为开展整风运动的关键。整风运动开展后，毛泽东就紧紧抓住思想方法和作风问题不放。他在给中央研究组同志的信中指出：学习理论要“以研究思想方法论为主”。破除错误的思想方法，畅行正确的思想作风，最重要的就是要遵循实事求是的思想路线，做到理论联系实际。“实事求是”这个词，并非毛泽东首创，但把“实事求是”上升到党的思想路线高度，则是毛泽东的功劳。

在延安的窑洞里，在整风运动中，在毛泽东给中央党校题写的校训中，“实事求是”被赋予了新意。“实事”就是客观存在着的一切事物，“是”就是客观事物的内部联系，即规律性，“求”就是我们去研究。这句朴实无华的话，洞穿了历史风云，将马克思主义真理和王阳明的“知行合一”有机地结合起来，这句耳熟能详的真理就像生产土豆、生产小米一样在黄土坡上的土洞里奇迹般地生产出来、传播开来、深入人心。

坚持走群众路线出实效，边区的人民把干部当亲人。在一个夏天，习仲勋赶路实在是疲倦了，就到一家老乡家里歇脚，那位年老的主人让他上炕躺着休息，自己蹲在他的身旁，亲切地看着他，替他驱着苍蝇。这时忽然跑来一位找他的乡民，老汉马上低声说：轻一点，习仲勋同志困了，让他好好地睡一会儿。习仲勋密切联系群众的形象，群众把他当亲人的画面，正是当时党群关系的一帧写照。

干群关系如鱼水。1942年12月，一位分区司令员向毛泽东汇报工作时，讲到自己被边区的一个老乡提了意见，受批评了。毛泽东高兴地说道，这是天大的好事！这个老乡很有觉悟，中国几千年的历史，都是老百姓受官府的气，受当兵的欺负，他们敢怒不敢言，现在他敢向你一个分区司令提意见，敢批评"长官"，你们看这有多么好！这是多么了不起的变化！

毛泽东脱帽赔礼

1943年，整风运动中延安开始了审查干部运动。当时敌伪和国民党派遣特务打入我们根据地进行破坏活动的情况是真实的，认真审查干部也是必要的，但正常的审干活动后来被康生搞成了"抢救失足者运动"，造成了很坏的影响。这样的"抢救"，把15000人打成特务、奸细。

许多党员干部都很气愤，向中央反映。刘少奇亲自找毛泽东谈话，问道：边区这么多特务，为什么没有发生大的泄密事件？任弼时非常气愤，向周恩来指出，抗战后到延安的知识分子总共3万多人，初中以上文化程度的占70%，其余都是初小毕业，十几岁的娃娃，怎么能都是特务呢？

毛泽东意识到"抢救"运动的问题，说"这是青年人的灾难"。

他提出“一个不杀，大部不抓”的方针。1943年10月，党中央决定整风运动进入总结阶段，毛泽东在政治局会议上认为审干有“肃反扩大化”的倾向，纠正了“抢救”运动的错误。

毛泽东带头作自我批评。他评价自己说：“决议（指《关于若干历史问题的决议》）把许多好事挂在我的账上，我不反对，但这并不否认我有缺点错误，只是因为考虑到党的利益才没有写在上面，这是大家要认识清楚的，首先是我。”“一九四一年边区老百姓中有人说雷公咋不打死毛泽东，这就引起我的警觉，分析原因，发现是征粮太重了，于是就发展大生产运动。党校去年有人说我是官僚主义，这也使我下决心到党校去多接近一些人。”“决议案上把好事都挂在我的账上，所以我对此要发表点意见。写成代表，那还可以，如果只有我一个人，那就不成其为党了。”

直到1945年初，他在延安中央党校礼堂作报告时，还说“抢救”运动时发生了过火的“左”的错误，过火要不得，群众逼供信不好。毛泽东说：“整个延安犯了许多错误。谁负责？我负责。我是负责人嘛！”“这次大家都洗了澡，就是水热了一点儿。不少同志被搞错了。凡是被搞错了的要一律纠正，坚决平反！”“有的同志被错戴了帽子，这也没得要紧。帽子戴错了，现在我把它给你们摘下来就是了。”“我们共产党人是革命者，但不是神仙。我们也吃五谷杂粮，也会犯错误。我们的高明之处就在于犯了错误就检讨，就立即改正。今天，我就是特意来向大家检讨错误的，向大家赔个不是，向大家赔个礼。”

延安整风运动是一次深刻的马克思主义思想教育运动。作风建设是永恒课题。习近平总书记指出：“作风建设永远在路上，永远没有休止符。”70多年来，一代又一代中国共产党人借鉴延安整风经验，始终自觉地把党的作风建设放在党的建设重要位置，一以贯之地推进发展，使我们党成为一个始终走在时代前列、人民衷心拥护、勇于自我革命、经得起各种风浪考验、朝气蓬勃的马克思主义执政党。

假如毛泽东不去重庆谈判

国共两党谈判在即，毛泽东即将离开延安，这一神圣的时刻聚焦着中外众多人的视线。

延安机场是中国共产党整修、使用和管理的第一个红色机场。1945年8月28日上午，人们怀着复杂的心情到机场依依惜别领袖毛泽东。在《挥手之间》一文中写道："主席伟岸的身形，站在飞机舱口；坚定的目光，望着送行的人群；宽大的手掌，握着那顶深灰色的盔式帽；慢慢地举起，举起，然后有力地一挥，停止在空中……"

登机前一个特定的经典动作，如此传神；后来发表的一首大气磅礴的词《沁园春·雪》，如此笔力雄强、气象万千，这两个"细节”堪称毛泽东在重庆谈判这个历史转折关头给人们留下的深刻印记，一代伟人的纵横捭阖、雄才大略由此力透纸背。

谈判前的较量

抗日战争胜利后，中国命运又一次走到了抉择的关头。围绕着中国的走向，国共两党在重庆的谈判就成为国共和美国方面关注的焦点。

其实较量和冲突在1945年元旦就已经拉开。罗斯福派来的代表赫尔利致函毛泽东、周恩来，提议和宋子文等短期访问延安，为签署两党协议做准备。1月11日，毛泽东致函赫尔利提出新方案：“在重庆召开国事会议之预备会议”，“国民党、共产党、民主同盟三方代表参加”，“保证会议公开举行，各党派代表有平等地位及往返自由”。2月1日，王世杰在和蒋介石、陈立夫商量中共问题时指出，如果单纯依赖军队、特务、警察与之斗争，则成功难而失败易。

后来，周恩来前往谈判未果，蒋、周发生冲突。周恩来于2月16日返回延安。鉴于国民党当局依然坚持一党专政、反对联合政府、反对人民与民主，毛泽东在中共六届七中全会上指出：“国民党和赫尔利都是要我们廉价或无代价下水，我们抵制了这些东西，现在又要套我们的军队，我们也抵制了。”

延河畔的挥手

当天清早，从清凉山上望下去，见有不少的人顺山下大路朝东门外飞机场走去，为毛泽东重庆谈判送行。不少同志跟着博古、陆定一等同志一道下山，加入向东而去的人群。

前天延安飞机场上飞来一架美国飞机，美国特使赫尔利和国民党政府的代表张治中接毛主席去重庆谈判。当时，不少同志心里像压着一块石头，燃着一把火，又沉重，又焦急，通夜不能入睡。有些老同志，感情深重地说：自从上了井冈山，毛主席就没有离开过我们一步！五次反“围剿”、两万五千里长征，毛主席从没有离开过自己的军队、根据地；如今，却要为了国家的前途命运，去重庆谈判。

离开前，毛泽东在政治局扩大会议上指出，“蒋介石在任何情况下都不会忘记消灭共产党”。“我在重庆期间，前方和后方都必须积极行动。”“我军的胜利越大，人民群众活动越积极，我的处境就越有保障，越安全。须知蒋委员长只认得拳头，不认识礼让。”事实证明，这一见地经得起历史检验。谈判期间，上党战役的炮火隆隆、歼灭阎锡山11个师的强大威力已经表明“枪杆子里面出政权”。

这时，上千人把机场站得满满的。毛主席穿一套半新的蓝布制服，皮鞋，头戴深灰色的盔式帽。整个装束，完全是像出门做客一样。河山在握、壮志凌云。毛主席举起手来，举起他那顶深灰色的盔式帽，一点一点地，一点一点地，举起来，举起来；等到举过了头顶，忽然用力一挥，便停止在空中，一动不动了。

毛泽东的这个动作，给全体在场的人以极其深刻的印象。这是一个特定的、历史性的动作，饱含深情，既有历史的回味，也有坚定的信念与决心。他出现在飞机舱口，人们又一次涌上前去，拼命地挥手，伟岸的身影，坚定的目光，似穿过历史烟云，穿过战场上跃起的战士，望着送行的人群……

10月11日中午1时30分，毛泽东返回延安。在登机前，毛泽东向中外记者发表简短讲话时指出，“中国问题是可以乐观的。困难是有的，不过困难都可以克服。”

三园见证历史

在重庆45天，毛泽东除了常住红岩村，林园、特园、桂园也是开展广泛的统战工作和社交活动的舞台。

林园，位于重庆西郊歌乐山。1939年11月建成后由国民政府主席林森居住，后归蒋介石居住，毛泽东在渝期间，曾受蒋三次邀请留宿林园。

在欢迎宴的翌日，毛泽东早晨漫步与蒋介石不期而遇。通过这次非正式会谈，蒋介石对20多年前第一次国共合作一同战斗过的老朋友加深了认识。他对幕僚陈布雷说，看到毛泽东为了谈判戒烟，他感到：“毛泽东此人不可轻视。”

在这一判断下，45天内蒋介石的决定有两次大转折。毛泽东在延安会议上说，“我们去了，可是他们毫无准备，一切提案都要由我们提出。”但当毛泽东、周恩来正式提出意见后，蒋介石认为是对自己权威的挑战，很恼火，马上转变了接待方针，改为“拘留、审判”，企图借机将毛泽东扣下，用法律审判他。后来又怕美苏干预，蒋介石又决定了“授勋、礼送”。毕竟，毛泽东亲赴重庆谈判本身就已表明了中国共产党的强大和政治地位的提高。“中国的问题，要没有共产党的过问是不行的。”

特园位于嘉陵江南岸，占地20多亩，这个民主运动的大本营，被誉为“民主之家”。毛泽东很注重发挥民主党派的作用，前后六次光顾。其中，第二次在拜访张澜时说，他要演民主的假戏，我们就来一个假戏真做，让全国人民当观众，看出真假，分辨是非，这场戏就大有价值了！

桂园位于上清寺，张治中转租并居住。为方便毛泽东办公、会客，张治中特意腾出桂园给毛泽东使用。毛泽东在桂园先后会见小民革领导人王昆仑、屈武等人，设宴招待张澜、沈钧儒、黄炎培等人，还建议成立九三学社。9月6日，毛泽东、周恩来、王若飞分别题词，表达中国共产党人对实现和平、民主、团结的决心。其中，毛泽东的题词内容如下：“为和平、民主、团结而奋斗。”

洛阳纸贵的一首词

伟大人物总是以惊奇、震撼开场。毛泽东重庆谈判取得轰动，除了中国共产党与国民党在宣传战线斗争取得胜利之外，一度在山城盛传的《沁园春 · 雪》是立下头功的。

9月22日晚，毛泽东、董必武、王若飞出席李烛尘、胡西园等工商界人士宴请。毛泽东解释了与国民党都是中国人还要坚持武装斗争的原因，“共产党如果没有军队，不搞武装斗争，早就被国民党杀光了”。胡厥文等茅塞顿开。席间，盛邀之下，毛泽东请王若飞代为背诵了《沁园春 · 雪》，大家连声叫好。

10月2日晨，毛泽东同柳亚子会面。柳亚子请毛泽东题赠《七律 · 长征》，毛泽东答应待写《沁园春 · 雪》相赠。10月7日，毛泽东复信柳亚子，“初到陕北看见大雪时，填过一首词，似与先生诗格略近，录呈审正。”《新华日报》先发表了柳亚子的和词，而毛词未发。吴祖光得到传抄稿之后率先发表在11月14日的《新民报晚刊》，一时洛阳纸贵。蒋介石恼怒之下，暗中组织一帮文人来填词，可都没有能超过毛词的。

这首词究竟好在哪里？为什么当时毛泽东选了这首而不是《七律》？

应该说，这首词和其他的诗词一样不是用笔写成，而是刀和剑、枪和炮用力刻就的。不论是历史评价，还是现实的革命斗争，都写风景，也就是眼前的雪景、河流、山色都顺手入文，“北国风光”“山舞银蛇”“分外妖娆”，浑然有一种凛然杀气和磅礴之势。这首词借景评史，视野壮阔，在诗人眼中，以往史书记载的帝王要么文采略输，要么风骚稍逊，万户侯如粪土。在无产阶级运动风起云涌之际，“俱往矣，数风流人物，还看今朝”，毛泽东在这里指点江山、激扬文字，谈笑风生、文治武功，略见一斑。在谈判之际，更是体现格局、气象的时候，而不只把眼光仅仅限于红军经历的长征炼狱，《沁园春 · 雪》对于不熟悉共产党、红军的人们来说，接受度可能更大。实际上它所产生的社会效果、政治效果确实如此。

山城之行，国家之幸。毛泽东在10月17日延安干部会议上作关于重庆谈判的报告。毛泽东指出：“谈判的结果，国民党承认了和平团结的方针。”“这样很好。国民党再发动内战，他们就在全国和全世界面前输了理，我们就更有理由采取自卫战争，粉碎他们的进攻。”历史也证明，纸上的东西并不等于现实的东西。

谈判桌边，从上党传来的炮声更猛烈了。

中央文库的惊险过往

时光荏苒，岁月如梭，当代人的生活形态不停地嬗变、不断地重塑，而以高科技手段为支撑的电视传媒，又成为调整和矫正人们生活形态的重要力量之一。人们可曾想到，在中国共产党建党初期，一份份文件不仅共产党人审读、确认，彰显了试图摆脱平庸、趋向更美与高尚的精神追求。我们正是凭借这一重要力量，使尘封的历史文件从中央文库中走出，发出清朗而坚实的回音。

1930年，中共中央从武汉迁回上海后，鉴于之前由个人携带、保存文电的方式极不安全，并且各部委、各地每日呈报中央文件数量大幅上升，在周恩来建议下，在上海戈登路恒吉里1141号（今江宁路673弄10号）租下一处房子，设立了一个阅文处（从属于中央秘书处），党内同志称为“中央文库”，专供中央领导阅办文电和召开中央政治局会议，并规定个人不许再带文件回家，由阅文处统一保管。到了1931年，“中央文库”已收集20余箱文件、资料。

吞下的纸条

1931年6月23日凌晨，中共中央早期阅文处门口突然响起了急骤的敲门声。张纪恩知道事情不妙，但在急促的敲门声中又不得不去开门。在开门前，他把灶间窗台上的淘米箩取下——那是暗号，取下后表示发生意外。开门后，大批穿藏青色制服的中西巡警涌入。

当时张纪恩妻子张越霞的衣袋里放着一张纸条，写着罗晓虹的联络地址——上海同孚路大中里。张纪恩悄悄提醒了妻子，张越霞趁巡警不注意时放进嘴里吞下，这样才使罗晓虹免遭逮捕。张纪恩被巡警用手铐将他与妻子铐在一起后，轻声对张越霞说：“我们要经得起考验，不动摇，对党忠诚。”张越霞轻声对张纪恩说：“你放心！”他们都明白，这一回被捕，恐怕凶多吉少！

原来在1931年4月，中央特科的顾顺章在汉口被捕叛变。6月22日，时任中共中央总书记、中央政治局主席向忠发在上海法租界静安寺“探勒”汽车行租车时被捕。随即在善钟路（今常熟路）捕房供出中共秘密机关。中央文库就是一个紧急去搜捕的地方。

好在前一日中央已派人运走了存放在楼上厢房的两大木箱文件。

其实，早在1930年底，随着阅文处的文件越积越多，就引起了周恩来的担心，他认为一旦遭遇搜查极易暴露，于是指示张唯一将阅文处保管的文件转移到张在法租界的另一处居所。正因为周恩来的未雨绸缪，阅文处及张纪恩等人才能在极为危险和紧迫的形势下，没有遭受重大损失和劫难。

巡捕除搜到共产国际文件、王明的手稿各一份外，一无所获。张纪恩用事先编好的口供来应付，说自己是“小开”，楼上是他“登报招租”的房客，那些文件与他无关，但还是无济于事，他们夫妇仍遭逮捕。

张越霞曾回忆，她和张纪恩是被巡警用一副手铐铐在一起带走的。临走时，她用暗语对“佣人”周秀清吩咐：她是冤枉遭捕，拜托她把女儿带好，并请她把被捕的消息转告有关“亲戚”。张越霞所说的“亲戚”，指的就是明天要到这里来的几位中共中央领导同志。张纪恩夫妇被捕后被送往上海戈登路巡捕房，后来他们被移送到上海龙华淞沪警备司令部。张纪恩作为“政治犯”，由国民党上海军法会审处主持审讯。经过审讯，根据戴季陶起草的《危害民国紧急治罪法》，张纪恩被以“窝藏赤匪，隐而不报”的罪名，判处5年徒刑，但只关了3年多便被释放。内中原因是当时蒋介石和汪精卫“合作”，于是宣布“大赦”，张纪恩被减刑三分之一。

陈为人与16箱档案

上海这座血脉中传承着红色基因的城市，据相关资料统计，它有革命遗址657处，现存440处。这些革命遗址中，与我们党直接领导相关的有456处，位于静安区江宁路673弄内的中共中央阅文处旧址就是其中之一。每当我们见到这幢饱经风霜的标准石库门建筑，心灵深处就又一次受到震撼。

只不过在当时的历史背景和特定环境下，一切都是在秘密的状态下进行，这里也以隐蔽的方式而存在。

中央文库这处集重要机关、重大事件、重要人物于一身的红色文化遗产，不仅再现中共中央早期在沪机关开展革命斗争的历史缩影，还是见证“红色上海”风雨历程的“活化石”。

为了妥善保管这些秘密资料，周恩来曾特地提出“区别不同情况整理和保存文件”的意见，并委托瞿秋白起草了一个《文件处置办法》，对应当收集、保存的文件范围、内容和编目方法作出了明确规定。同时，这里还承担了党中央重要文件资料的收发、保管及秘书处部分机要工作，周恩来、邓小平、项英、博古、王明等领导人的身影也经常出现，这里还曾是中共中央秘书处机关所在地。

中共中央阅文处虽数度变迁，历经危难，但在周恩来等领导的带领下，依然从容应对重大事件，诸多重要材料也得以妥善保存，“中央文库”名副其实。1932年下半年，由于白色恐怖日益严重，中共中央机关陆续由上海迁往江西中央苏区革命根据地。陈为人（曾任中共满洲省委书记）和妻子韩慧英（党的地下交通员）接受指派，装扮成富商家庭，将文件保存在家中，留在上海守护“中央文库”。

这批档案内容包括共产党成立后10多年间形成的15000多件重要文件和资料，共计104包（16箱）。1935年2月，韩慧英在一次外出执行任务时不幸被捕。为了确保文件安全，陈为人以高价租下小沙渡路和兴坊15号作为地下文库的新址。当时陈为人与党组织失去了联系，没有经济来源，身边还有三个1到5岁的幼儿需要照顾，他只好请妻妹韩慧如帮忙。这段时间最为辛劳，陈为人肝病复发仍不忘寻找党的关系，与此同时，他为档案编目录、设法防潮防霉，全身心保护地下档案资料。1936年秋，党组织鉴于陈为人因过度劳累身患重病，决定将“中央文库”交给别的同志继续管理；将他送到医院救治。1937年3月13日，陈为人不幸病逝，时年38岁。

新中国成立后，这批党的早期原始档案资料完好无损地入藏于中央档案馆，成为弥足珍贵的红色文化遗产。

故事还在延续。韩慧如，是电影《永不消逝的电波》中党的电台报务员原型之一秦鸿钧烈士的夫人。她曾协助秦鸿钧建立第三国际的秘密电台，并与之结为夫妇。1937年“八一三”事变后，秦鸿钧在法租界金神父路（今瑞金二路）148号一幢洋房的三楼紧张地收发报，韩慧如则在窗口端坐警戒。后来，1949年初，国民党政权面临崩溃，更加紧了对共产党活动的破坏和镇压。3月17日深夜，秦鸿钧夫妇被敌人逮捕。秦鸿钧在上海解放前夕的5月7日惨遭杀害，韩慧如则于5月25日成功越狱。中华人民共和国成立后她长期从事教育工作，“文化大革命”期间被造反派污蔑为叛徒特务，粉碎“四人帮”后获得平反，于2009年5月26日去世，享年96岁。而她的大姐韩慧英（陈为人烈士的夫人）和妹夫（湖南省原副省长）却被迫害致死。

党的历史很伟大，又充满曲折。我们也并非能够通过一次文件的描述、一次简单的重温历史，去补救和化解人们理解上的缺失和不及，更为重要的是要从当下出发，去审视在保存、抢救和珍藏过程中的信仰、信念、信心，进而挖掘出党史故事对世人，特别是年轻人的引领价值和精神启迪。

现在的黄渡路车水马龙，川流不息。恍如听到71年前的夜晚，嘀嗒嘀嗒的电报声穿透上海的迷雾，送达延安……

新中国奠基之礼：七届二中全会的前前后后

唐朝诗人欧阳詹曾作非常有名的赶考诗句："犹著褐衣何足羡，如君即是载鸣时。"这种一日看尽长安花的紧迫，表面上"马蹄疾"的快乐和欢欣，是属于个人的，是赶考途中的得意风采；其实还有一种"赶考"，蕴含着历史进步的逻辑，在时代转换的背景下，流露出的历史忧患与承载准备。

后一种"赶考"只有中国共产党才有。

1949年3月23日，毛泽东率领中共中央和中央军委机关离开西柏坡，踏上"进京赶考"之路。毛泽东说，今天是进京赶考的日子，我们决不当李自成，我们都希望考个好成绩。烟波浩渺处，毛泽东感受到“赶考”的不易，回忆起31年前的首次赴京工作情景。

1918年8月15日，毛泽东和萧子升、张昆弟、李维汉、罗章龙等24名青年，坐火车离开长沙，奔赴北京准备赴法勤工俭学。1918年秋，经杨昌济介绍到北大图书馆工作的毛泽东负责第二阅览室，即报纸阅览室。每天的工作除打扫外，便是整理上架新到的报刊和登记前来阅览者的姓名。在北大，毛泽东结识了蔡元培、陈独秀、李大钊、邓中夏、邵飘萍、胡适等新派人物，这对其五四前后思想的转变产生了重大影响，也是他逐步接受与研究马克思主义，从而走上共产主义道路不可缺少的一步。

一个伟人最关注什么？最关注事物的规律。客观存在的规律本来就是事物之间的联系，所以最朴实，也最能警示后人。从1919年到1949年之间，毛泽东多次提及李自成的历史教训。1929年12月，在《关于纠正党内的错误思想》一文中，毛泽东指出：“肃清流寇思想，实为红军党内斗争的一个重要目标。”“应当认识，历史上黄巢、李闯式的流寇主义，已为今日的环境所不许可。”在整风运动期间，毛泽东专门将郭沫若撰写的《甲申三百年祭》作为整风材料，告示全党要深刻汲取李自成错误的教训。

在即将去北京赶考的前夜，位于石家庄市平山县中部的西柏坡，是解放战争时期中央工委、中共中央和解放军总部的所在地。在这里，中共中央领导了解放区的土地改革运动，指挥了我党史上著名的辽沈、淮海、平津三大战役，召开了中国共产党七届二中全会。

确实，历史上的第一步和新中国的第一步就这么巧合，在“学习”与“赶考”之间实现了时空的交错、展现出历史的另一种深意。

背景

1949年3月5日至13日，中共七届二中全会在河北省平山县西柏坡举行，这是在中国人民解放战争即将取得全国胜利的前夜，中国共产党为建立新中国奠基的一次具有深远历史意义的会议。

这个会议是中国共产党人敏锐把握历史走向的一次成功判断。

根据毛泽东的报告，全会认为，从1927年大革命失败到如今，由于敌强我弱，党的工作重心一直在乡村。党着重在乡村聚集力量，在乡村开展武装斗争，发动农民实行土地革命，建立革命根据地，为夺取城市做好准备。历史已经证明这个方针是完全有必要和完全正确的，并且是成功的。经过三大战役后，敌我力量发生了逆转，农村包围城市的工作方式已经不适应。此次大会重点讨论了党的工作重心的战略转移，这里的“战略转移”不是简单的地理空间、提法改变，而是工作思路、工作重点的调整变化，甚至是颠覆性要求，即将工作重心从乡村转移到城市的问题。

1947年11月，经过六昼夜的浴血奋战，石家庄解放。这是中国人民解放军用攻坚战攻克的第一座较大城市，在解放战争史上留下了光辉一页。此役，使晋冀鲁豫和晋察冀两大解放区完全连成一片，也为党中央顺利移驻西柏坡创造了条件。石家庄也因此被誉为“开国第一城”。

时间过去一年又4个月，到1949年1月淮海战役结束，大半国土解放。1949年3月，中共总前委制定了《京沪杭战役实施纲要》，兵锋南下、统一中国指日可待。时代给伟大的共产党提出了新的课题。

一唱雄鸡天下白

实现党的工作重心从农村向城市的转移，同时意味着党的工作重心从武装斗争向国家政权建设、管理等方面转移。党的七届二中全会深入讨论研究了如何实现党的重心工作转移。

根据毛泽东的提议，大会确定，党必须用极大的努力去学会管理城市和建设城市。在领导城市工作时，党必须全心全意地依靠工人阶级，吸收大量工人入党，团结其他劳动群众，争取知识分子，争取尽可能多的能够同共产党合作的民族资产阶级及其代表人物。毛泽东强调，从我们接管城市的第一天起，我们的眼睛就要向着这个城市的生产事业的恢复和发展。务须避免盲目地乱抓乱碰，把中心任务忘记了。

大会还确定了党在全国胜利后的政治、经济、文化等一系列政策。毛泽东在报告中指出，中国革命在全国胜利，并且解决了土地问题以后，中国还存在着两种基本的矛盾。第一种是国内，即工人阶级和资产阶级的矛盾。第二种是国外，即中国和帝国主义国家的矛盾。

“另起炉灶”的政策很有说服力。毛泽东指出，我们是愿意按照平等原则同一切国家建立外交关系的，但是从来敌视中国人民的帝国主义，决不能很快地就以平等的态度对待我们，只要一天它们不改变敌视的态度，我们就一天不给帝国主义国家在中国以合法的地位。这就是毛泽东提出“另起炉灶”“打扫干净屋子再请客”等外交政策的生动阐释。所以当时共和国元勋们认为，不但现在不应急于去解决（帝国主义对我国的承认问题），而且就是在全国胜利以后的一段相当长的时期内也不必急于去解决。这就是1949年中华人民共和国成立前的自豪与自信。毕竟，一个积贫积弱的国度、一个“东亚病夫”冠名的民族终于在冲刷历史血迹、抖落了歧视侮辱之后，获得新生了！

这个需要具备非凡的胆略、远见、使命和魄力。毛泽东在报告中自豪地预言，我们能够学会我们原来不懂的东西。我们不但善于破坏一个旧世界，我们还将善于建设一个新世界。中国人民不但可以不要向帝国主义者讨乞也能活下去，而且还将活得比帝国主义国家要好些。

一唱雄鸡天下白，万方乐奏有于阗。在随后的1949年10月24日，毛泽东与绥远军区负责人谈话中指出，中国已归人民。一草一木都是人民的，任何事情我们都要负责并且管理好，不能像踢皮球那样送给别人去。

“万里长征的第一步”

毛泽东是一个精细的人，越是在取得重大胜利的时候，越是保持清醒的头脑。一个大党即将在全国执政，由红色区域走向全国，究竟以何种面貌、状态确实很重要。

毛泽东指出，夺取全国胜利，这只是万里长征走完了第一步。中国的革命是伟大的，但革命以后的路程更长，工作更伟大，更艰苦。1949年6月15日，他在新政协筹备会上豪情万丈地说，中国人民将会看见，中国的命运一经操在人民自己的手里，中国就将如太阳升起在东方那样，以自己的辉煌的光焰普照大地，迅速地荡涤反动政府留下的污泥浊水，治好战争的创伤，建设起一个崭新的强盛的名副其实的人民共和国。

没有经历过万里长征的人，是不知道第一步、以后的一步步是多么艰难的，就如同“夏虫不可语冰”。关键的一点在于干部，锻造出一支什么样的干部队伍。当时的全会就敏锐地指出这一点，要加强党的思想建设，警惕居功自傲和资产阶级思想，特别是“糖衣炮弹”的腐蚀。

这一点可不是空穴来风。1937年10月发生在延安的“黄克功案件”就是一面明镜。

黄克功时年26岁，江西省南康县人。少年时加入中国工农红军，参加过井冈山斗争和二万五千里长征，身经百战立过功，并担任过旅长等职务，时任抗日军政大学第六队队长。被害女子刘茜，时年16岁，1937年“七七事变”以后奔赴延安投身革命，先后在“抗大”和陕北公学学习，与黄克功相识相恋。不久，刘茜发现自己与黄克功在经历、性格、情趣等方面的差异都太大，就表示终断恋爱关系。然而，黄克功却纠缠不休，并于1937年10月5日傍晚在延河岸边用勃朗宁手枪威逼刘茜公开宣布结婚，遭到拒绝以后竟对刘茜开枪，刘茜右肋受伤倒地后哭喊“救命”，黄克功又对她头部开了第二枪，造成刘茜当场死亡。此案震惊陕甘宁边区，影响波及全中国。

案发以后，黄克功即被开除党籍。但是，要不要对他判处死刑，在延安的党内军内发生了激烈的争论：黄克功本人对罪行供认不讳，并上书陕甘宁边区高等法院和毛泽东："念我十年艰苦奋斗，一贯忠于党的路线，恕我犯罪一时，留我一条生命，以便将来为党尽最后一点忠。"

毛泽东既百感交集，又深谋远虑。他认为，共产党必须功过分明，赏罚严明，功不抵罪，罪不否功。他于1937年10月10日给雷经天写了复信，情之殷殷，言之切切，爱憎分明，斩钉截铁。毛泽东在信中写道："你的及黄克功的信均收阅。黄克功过去斗争历史是光荣的，今天处以极刑，我及党中央的同志都是为之惋惜的。但他犯了不容赦免的大罪，以一个共产党员、红军干部而有如此卑鄙的，残忍的，失掉党的立场的，失掉革命立场的，失掉人的立场的行为，如为赦免，便无以教育党，无以教育革命者，并无以教育做一个普通的人——一切共产党员，一切红军指战员，一切革命分子，都要以黄克功为前车之戒。"1937年10月11日，黄克功伏法。就是在共产党"执法如山，取信于民"的感召下，男女青年和各界人士共有25万多人从四面八方包括从国民党统治区冲破封锁，跋山涉水，奔赴延安和陕甘宁边区投身革命，巍巍宝塔、清清延河成为中华民族精神的丰碑，中国共产党成为中华民族的"灯塔"和"舵手"。

后来到20世纪50年代初，处决刘青山、张子善等大贪污犯时，毛泽东和中央领导同志还联想到黄克功等案件，讲了一段振聋发聩、耐人寻味的话。毛泽东说："我们杀了几个有功之臣，'挥泪斩马谡'，这是万不得已的事情。治国就是治吏。礼义廉耻，国之四维；四维不张，国乃灭亡。如果一个个官吏都寡廉鲜耻，贪污无度，胡作非为，而国家还没有办法治理他们，那末，天下一定大乱，老百姓一定当李自成造反！国民党是这样，共产党也是这样。问题若是成了堆，就是积重难返了啊！”

这些振聋发聩的警示之语穿越时空，具有历史的力量。

西柏坡毛泽东“赶考”记

从来的纪念和回顾都是对史实的盘点，是一次一次与灵魂对话。

北方的冬季，万物肃杀。西柏坡位于河北省西部的平山县柏坡岭下。随着辽沈、平津、淮海战役的顺利推进，中国革命的前景愈加清晰。在西柏坡办公的中国共产党领袖们正在迎接一位莫斯科来的神秘客人，共同擘画新中国成立大计。

1949年1月31日（农历正月初三）下午，毛泽东在他办公的小院门口热情地迎接了苏联部长会议副主席、苏共中央政治局委员米高扬。这是我们党于伟大的历史转折时期所发生的重大的外事事件，也是毛泽东第一次以中共主要领导人的身份与苏共高层领导人会面，意义重大。米高扬首先代表斯大林向毛泽东同志和其他中共中央领导同志表示祝贺并致敬，并提道："我代表斯大林来中国听取你们的意见"。

经过双方面对面的会谈，中国革命最终得到了苏联党和政府的明确支持。西柏坡也见证了这一伟大的历史时刻，也分享了这一奋斗28年的革命成果，并自此享有"新中国从这里走来"的美誉。

西柏坡的中央大院

1948年5月，经过一年多转战，毛泽东终于赶到西柏坡，与刘少奇、朱德会合，开始了解放战争神来之笔的西柏坡岁月。到达西柏坡的第二天，毛泽东散步到柏坡岭，登高望远，俯瞰西柏坡村，一座座黄土干打垒结构的华北院落点缀于青山绿水之间，中央大院前是碧绿繁茂的百亩苇塘和一望无际的良田，大院和民房一样掩映在郁郁葱葱的柏树林中。毛泽东坐在一块大石头上，用手中的木棍指点山水说，"西柏坡，果然是个好地方，这个总指挥部选得好"。

西柏坡村中有一条南北向的恶石沟，把村民和中央机关分为两部分。东岸以老鼠岭为中心，房屋依地而建，中央大院和四个小院大概占地100亩。老鼠岭前，自东而西依次为周恩来、任弼时、毛泽东、刘少奇、董必武的住所，毛刘之间是军委作战室，还有一些小学、办公室、收发室等。房院前原为村民的打麦场，中央移驻后成了露天舞场。四个小院各有特点。其中，小礼堂是一个不规范的四合院，西房五间，跨度大，是具有伟大历史意义的七届二中全会会址。还有就是大伙房院、政策研究室院和朱德总司令住所。

公元1082年，苏东坡在赤壁怀古时曾经无限感慨：“盖将自其变者而观之，则天地曾不能以一瞬；自其不变者而观之，则物与我皆无尽也。”

西柏坡所在的县是25万人口的平山县，建党较早，前后有9万多人参军参战，5000多人牺牲，有“北方兴国”之称。五大领袖日夜操劳国家大事，同住一院的老百姓们耕耘农田，铜墙铁壁般拱卫成安全岛。

“万里长征的第一步”

西柏坡时期，处于伟大转折时期，也是我们党民主革命过程中最成功、最辉煌的时期。中国共产党领导全国人民进行了波澜壮阔的民族解放战争，作出了彪炳史册的巨大贡献。三大战役摧枯拉朽，胜利指日可待。在全国执政的前夜，如何执政和为谁执政，成为党和毛泽东必须思考的一个重大历史课题。

1949年3月5日至13日在西柏坡召开的七届二中全会，被誉为“铲地基”并筹划“起房子”的一次全会。毛泽东指出：“夺权全国胜利，这只是万里长征走完了第一步。如果这一点也值得骄傲，那是比较渺小的……”

认清新形势。从1927年开始到党的七届二中全会，党的工作重点在农村，集聚农村力量，走农村包围城市的道路。1948年9月8日，中共中央在西柏坡召开九月会议，提出了五年左右从根本上打败国民党反动统治的战略任务。到了1949年春，随着国民党三大主力被歼灭、南京解放，“夺取这个胜利，已经是不需要很久的时间和不要花费很大的气力了”。然而，“巩固这个胜利，则是需要很久的时间和要花费很大的气力的事情”。主要集中在执政能力建设和拒腐防变能力建设两个方面。

学会新本领。在新的形势和任务面前，“我们熟习的东西有些快要闲起来了，我们不熟习的东西正在强迫我们去做。这就是困难”。要实现从认识的必然王国到自由王国，中华人民共和国成立以后党必须学会如何掌握政权、如何巩固执政地位以及如何带领全国人民建设新中国的新本领。针对资产阶级怀疑中国共产党的领导能力和执政能力，毛泽东信心满满，中国人民是勇敢而勤劳的，“中国人民不但可以不要向帝国主义者讨乞也能活下去，而且还将活的比帝国主义国家要好些”。为了迎接新中国的诞生，全党都要努力学习经济工作，不断加强和改善党的领导，注意工作方法，真正建设起一支经得起考验的干部队伍。

牢记“两个务必”。胜利在即，中国共产党人给全国人民留下最深刻的印象就是始终保持了清正廉洁、艰苦朴素、谦虚谨慎的优良作风。毛泽东指出，一方面要警惕资产阶级糖衣炮弹的袭击，另一方面，要注意总结过去我们党因骄傲自满而导致的惨痛教训，要看到“革命以后的路程更长，工作更伟大，更艰苦。这一点现在就必须向党内讲明白，务必使同志们继续保持谦虚谨慎、不骄不躁的作风，继续保持艰苦奋斗的作风”。

时代是出卷人，我们是答卷人，人民是阅卷人。对于共产党人来说，中国革命历史是最好的营养剂。2013年7月，习近平到西柏坡考察调研时指出，西柏坡是共产党人“立规矩的地方”，“我们面临的挑战和问题依然严峻复杂，应该说，党面临的‘赶考’远未结束”。确实，思想的铜镜历经风雨越磨越亮，时代之问在实践洪流中越发令人深思。

刘少奇的“扎根树”

我们有多少激情就有多少理性，我们有多少关注就有多少期待，我们依然用清澈的眼睛抬头看天，用感恩的心胸俯身大地。我们依然从每一个平凡的悲欢中汲取力量，从每一次政策的激励中塑造希望，从每一个前进的音阶中聆听未来。

中国共产党领导层在西柏坡期间，不仅肩负着领导解放战争的历史重任，也面对着领导民众斗争、呼应民众意愿、解决民生疾苦的具体问题，能否在具体执政方式上落实为民服务的宗旨，在作风上能体现群众观点、坚持走群众路线，无疑是检验中共执政能力的炼金石。领袖们在西柏坡就留下很多佳话。刘少奇植树就是其中一个。

1947年7月，不少同志参加全国土地会议时是骑马的。有的把马拴在村南苇塘边的小树林，有的马啃了树皮。会议结束也就走了。当时，乡亲们也没觉着是多大事。主持会议的刘少奇发现了此事，就责成有关方面负责处理，每棵树赔偿小米70斤，大树适当增加。翌年春，刘少奇还带领中央工委机关干部帮乡亲们植树。地下是肥沃的淤泥，浅层是历年从恶石沟冲刷下来的淤沙，水土条件较好，新栽植的一片柳树、毛白杨、小叶杨等没多久就郁郁葱葱，老乡们都叫它“扎根树”。这在过去旧军阀部队是见不到的场景，在当时产生了强烈的社会效应，它就是执行“三大纪律，八项注意”的鲜明体现。

老百姓满意不满意是一切工作的出发点和归属点。在延安时期，1941年陕甘宁边区一度征粮较重，人民难以承受，其中有个农民还说了句“老天爷不睁眼，咋不打死毛泽东”的牢骚之语。毛泽东得知后并没有怪罪他，相反组织有关人员实地调研，削减征粮任务并作出了开展大生产运动决定。

朱德总司令和周恩来副主席为理发员抬棺的事情也很有代表性。1948年7月下旬，西柏坡连日阴雨，导致山洪暴发。30日子时，一眼窑洞塌方将五位同志砸在里面。经过抢救，四位脱险，但理发员曹庆卫因缺氧过久而牺牲。到了下葬那一天，朱德、周恩来和大家一起为曹庆卫抬棺，朱德首先铲了三锹土。

纵然千山万水，我们携手而行，一切早已开始，一切也尚未结束。希腊神话里英雄安泰只要脚不离地就力大无穷，任何敌人休想战胜他，而在一次搏斗中他的敌人设法使他脱离地面后击败了他。斯大林曾用这个典故来比喻党民关系。可以说，延安时期、西柏坡时期是我们党与土地、与人民联系最为紧密的时期。在当时领导们的心目中，早已甘为公仆，和战士们亲如骨肉。

神秘的苏联客人

2月1日下午，毛泽东与米高扬正式会谈，主要是毛泽东一人讲话。毛泽东指出，1947年7月我们就提出了“打到南京去，活捉蒋介石”的口号。后来还提出过“打过长江去，解放全中国”的口号，这都是我们的战略性的指导口号，而且将要在实际行动中逐步实现。双方还谈到了中国土地改革运动、对美国的态度以及邀请专家帮助等问题。

就国家政权问题，毛泽东阐述道，这个政权的性质是无产阶级领导的工农联盟为基础上的人民民主专政，而究其实质是无产阶级专政。毛泽东用了“打扫干净屋子，再请客人进来”比喻新中国的外交政策。这个隐喻巧妙地传递了新中国成立后可立即与苏联等友好国家建立外交关系，对西方国家则应在肃清在华旧势力和影响之后再予以考虑。这种气概和自信深深地感染了苏联客人。2月6日晚，米高扬给斯大林的电报中说，毛泽东对马克思列宁主义有巨大的创造。中国共产党的经验非常重要，它的总结至少对亚洲国家革命运动具有重大的理论意义。

后来，1949年10月1日，中华人民共和国成立。10月2日一早，苏联副外长葛罗米柯就在苏联外交部召见国民党驻苏大使，告诉他苏联从现在起就与国民政府断绝外交关系。当天就发出第一封承认新中国的电报。苏联如此迅速地承认新中国，并断绝同国民党政府的关系，无疑是对刚刚诞生的新中国的有力支持。继葛罗米柯副外长来电之后，在社会主义阵营内就出现了一个承认新中国的高潮，保加利亚、罗马尼亚、匈牙利、朝鲜、捷克斯洛伐克、波兰、蒙古、东德、阿尔巴尼亚等各国政府纷纷致电愿和新中国建交。

2月4日，毛泽东对苏联答应援助3个亿美元贷款表示感谢，在回顾了中国共产党在受到苏联十月革命直接影响下成立过程和战斗历程之后表示：“现在，我们需要经济和财政两方面的顾问，请全面提供援助。”

进京赶考

一个伟人的思想是什么，是客观存在的规律，是事物间本来的联系，所以真理最朴素。

1949年3月23日，毛泽东率中央机关离开西柏坡前往北平。出发时，毛泽东意味深长地对周恩来说，今天是进京的日子，进京赶考去。周恩来会意地笑道：“我们应当都能考及格，不要退回来。”毛泽东斩钉截铁地表示：“退回来就失败了，我们绝不能当李自成。我们一定要考个好成绩。”这里的好成绩，不是一般的意义，而是走上全国执政的中国共产党要坚持全心全意为人民服务的宗旨，做到“两个务必”，做到了这些，老百姓的民心就永远站在共产党这一边。

入城后，周恩来要求过好思想关、政治关、社会关、亲属关和生活关，并说到做到，身体力行。在参加开国大典时，他仍然穿着一套旧的绛色咔叽布中山装。身边工作人员建议他做一套新的衣服。他就说：“进城以后不能学李自成啊，今天开国大典，更要注意。我不能带这个头哇！”

1949年4月，中国人民解放军万船齐发，百万雄师过大江，迅速占领南京，骑在人民头上的蒋家王朝土崩瓦解。张治中听到这消息后叹息一下：“天意如此！”周恩来在旁听到，马上作了纠正：“不，这是民意如此！”周恩来明确指出，国民党倒行逆施走向灭亡，人民革命必定胜利。

我们的回首与检点，如落日一般安详；我们的期待与祝福，如日出一般“喷薄”；向辉煌策马，并奔向下一程辉煌。

开国大典前后的天安门城楼

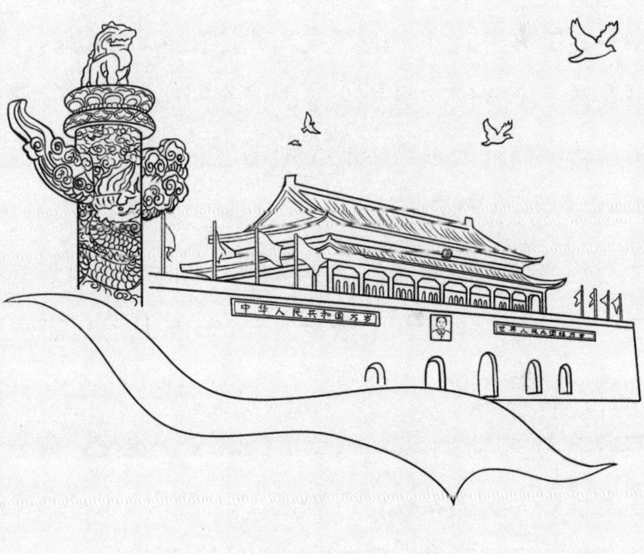

1949年10月1日下午3时，中华人民共和国中央人民政府主席毛泽东在雄伟壮丽的天安门城楼上庄严宣告："中华人民共和国中央人民政府已于本日成立了！"

霎时间，天安门广场上人头攒动、红旗飘扬，爆发出长久的雷鸣般的掌声、欢呼声。毛泽东主席亲自启动按钮，升起了新中国第一面五星红旗。这是用烈士的鲜血染红的。这一刻，足以让450多万名捐躯的共产党员烈士们含笑九泉，足以让中华民族的历史改写，标志着“占人类总数四分之一的中国人从此站立起来了”。

一把锈蚀的铁锁

开国大典前一个月，开国大典筹备委员会主任周恩来终于确定了在天安门城楼上举行开国大典。

关于阅兵地点当时有两套方案。一套是在西苑机场，毛泽东和中共中央进入北平的阅兵式就是在这里举行的，场地开阔，但是群众往返不方便；另一套是在天安门广场，天安门城楼就是现成的阅兵台，而且地处市中心，但不足之处是阅兵场地狭小，影响市内交通。

后来，周恩来经过认真考虑，并请示毛泽东同意，确定在天安门广场举行开国大典。因为从天安门广场整体布局看，天安门城楼大有“横空出世”之气象。天安门，建于明永乐十五年（1417年），原名承天门，后于顺治八年（1651年）重建，改称天安门。站在广场上远眺天安门城楼，气势恢宏、金碧辉煌，显得庄严、雄伟、肃穆，是举行阅兵式、群众游行的最佳场地。

北平宣告和平解放后，1949年2月3日上午10时，中国人民解放军在北平举行了盛大的入城式，之后，北平军管会下设的文化接管委员会从国民党北平政府手中接收了天安门，交接的手续就是一把锈蚀的铁锁头。城楼年久失修，破烂不堪。琉璃瓦顶蒿草丛生，野鸽筑巢（后来清除出来的野鸽粪竟然装了几大卡车），红墙凋残，斑斑驳驳，门窗残破，金水河也满是淤泥污水。

叶剑英以北平市军管会主任的名义下令驻北平的部队抽调精干

人员抢修城楼、广场和故宫部分住房。同时，8月9日至14日，中共北平市委和市政府召开第一届各界代表会议，会议作出了为迎接开国大典整修天安门广场的决议。当时共青团北平市委和北平市学联发出通知，要求组织4300名大中学生参加义务劳动，消息一公布，短短两天时间就有1.8万多人报名。同时，数千名青年团员、机关干部、工人也积极踊跃地参加义务劳动。

经过前后91天的清洁大扫除运动，原先破败不堪的天安门终于焕然一新。在广场前端，一根高达22.5米的旗杆矗立起来了，旗杆用钢管焊接而成，涂白色磁漆，用汉白玉栏杆围起。城楼上朱漆红柱经重新油漆，亮丽一新。金水河清流欢唱，河上的5座汉白玉石拱桥、东西两侧威武的石狮，都被洗得一尘不染。

繁体字写的巨幅标语

我们驻足在广场，天安门城楼上的两条巨幅标语异常醒目，既是对世界的政治宣言，更是饱含深情的热烈宣示。

1949年9月底，中国人民政治协商会议筹备委员会总务处办公室主任兼会场布置科科长钟灵书写的两条巨幅标语赫然悬挂于天安门城楼上，内容是当时的新华通讯社社长、新闻总署署长胡乔木拟定的：“中华人民共和国万岁！中央人民政府万岁！”

钟灵，又名钟毓秀，当代著名书法家，1921年8月出生于山东济南，17岁投奔延安。经过革命洗礼，钟灵在各类报刊发表木刻、漫画作品，设计邮票“宝塔山”，当时延安城墙上的标语差不多都出自钟灵之手。在开国大礼前接到在天安门城楼上书写开国标语这一光荣任务，对钟灵来说，既是幸运，带有历史的偶然，又是机遇，给了他更大的施展才华的平台。

“中华人民共和国万岁！”“中央人民政府万岁！”两条巨幅标语，一条九个字、一条八个字，每个字高2米，宽2.2米。钟灵首先巧妙运用视错觉原理安排字距，使其远远看上去左右是对称的，然后用布剪出宋体字，指导木工按照比例锯好木板，钉成字盒，外边再装上一层毛玻璃，装好电灯泡。这样，即使在晚上也能看得很清楚。

开国大典后，经周恩来审定，留下了天安门两侧的标语，只是将东边的“中央人民政府万岁”，改为更充满国际主义精神的“世界人民大团结万岁”，与“中华人民共和国万岁”的爱国主义精神左右呼应。

第一面五星红旗升起

国旗是国家的象征。

1949年10月1日，天安门广场上升起了第一面五星红旗。这意味着经过中国共产党人28年的浴血奋战，染有烈士鲜血的旗帜终于在神州大地上高高飘扬。

说到国旗由来，还有一段故事。

1949年5月，上海刚刚解放，已有11年党龄的地下党员曾联松还是上海一家通讯社的职员。他举着小红旗，迎着明媚的阳光，走进迎接解放大军的行列。7月，曾联松看到报上征集新中国国旗的启事，便设计了一幅国旗图案寄到北京。没想到他设计的五星红旗被选定为新中国的国旗。这一年，他32岁。

当年应征的一共3012幅图案，38幅进入遴选。1949年9月，中国人民政治协商会议第一届全体会议通过有关国旗决议。毛泽东最初倾向采用红底黄星，中间横亘半条黄带，象征长久哺育中华民族的黄河那个图案。而大多数代表则主张五星红旗，五星代表四个革命阶级团结在共产党周围。经过讨论，毛泽东同意采用编号32号的曾联松的设计稿，并采纳一位代表意见，将原先的“一大星四小星”字样修改为泛称五星红旗，全场热烈鼓掌通过。

开国大典上，当中央人民政府秘书长林伯渠宣布“开国大典现在开始”之后，毛泽东走到麦克风前，向全世界庄严宣告：“中华人民共和国中央人民政府已于本日成立了！”话音刚落，天安门广场上立即响起了惊天动地的欢呼声。

3时10分，毛泽东按动了升国旗的按钮。伴随着中华人民共和国国歌《义勇军进行曲》，国旗冉冉升起。现场数十万群众向五星红旗行注目礼，解放军官兵向国旗致军礼。

当国歌奏毕，五星红旗恰好升到旗杆的顶端。“升得好！”毛泽东看着迎风飘扬的国旗，不禁大声喝彩。这声音也通过麦克风传到群众耳中，广场上立即沸腾起来。

红色基因

国旗的威严、尊严不可撼，这份朴素的情感随着岁月的流淌越来越真挚和浓厚。

国旗的情怀深入民心。2018年2月11日清晨，习近平总书记乘车翻过海拔3200米的山峰，来到凉山彝族自治州昭觉县三岔河乡三河村慰问。

在吉好也求家里，习近平总书记得知他10岁的女儿吉好有果喜欢唱歌，问她："要不要唱一首啊？"小姑娘爽快地回答："要！"话音刚落就唱起在学校学的《国旗国旗真美丽》。

"国旗国旗真美丽，金星金星照大地，我愿变朵小红云，飞上蓝天亲亲您。"纯真的歌声打动了在场的所有人。

2019年2月2日上午，中共中央总书记、国家主席、中央军委主席习近平来到北京卫戍区国旗中队看望慰问官兵，观看护旗队列动作、展旗收旗训练和升旗动作演示，并同官兵合影留念。他向大家致以诚挚问候和新春祝福，并勉励官兵牢记职责使命，坚持一流标准，用实际行动捍卫国旗尊严。

一场“不亚于淮海战役”的较量

这是共产党人在接管上海的经济治理过程中诸多困难、诸多战役的一个缩影。硬仗在前，从容不迫，正如上海解放前毛泽东所说：“我们进上海是中国革命过一难关，它带着全国、全世界的性质。”

战上海的意义

上海是中国最大的工商业城市，接收之难、治理之难，要比此前沈阳、石家庄、天津都甚。对此，敌我双方看得很清楚。1948年冬季，白崇禧叫嚣“找到了一把对付共产党的软刀子”，布置国民党特务机关筹划制造大量假人民币，企图扰乱市场。一位西方记者也不看好中国共产党的胜利，“这个国家太大了，又穷又乱，不会被一个集团统治太久，不管他是天使、猴子，还是共产党人”。

中华人民共和国成立初期，上海的工业产值和贸易额占全国的一半，它的经济关系到全国的经济大局。上海解放前夕，毛泽东和准备接管上海的同志语重心长地说：“华东同志如果能够把上海搞好，上海和全世界的人民永远不会忘记你们。全中国和全世界的人民，甚至我们的敌人都将以上海工作的好坏来考验我们党有无管理大城市及全国的能力。”

真是一语中的！

正是在正确方针的指导下，党中央、华东局和上海市委既着眼于打击犯罪活动，又着力恢复城市经济，经过前前后后几个回合的斗争较量，资产阶级和投机分子彻底服输服软，再也不敢在市场上兴风作浪，持续几十年的通货膨胀终于被制服。毛泽东高度评价了这场稳定经济物价的斗争，指出它的意义“不亚于淮海战役”。

银圆之战

1949年5月，市民们发现躺在屋檐下的战士严格遵守入城纪律，对共产党部队涌起了前所未有的拥护，纷纷走上街头加入欢迎的游行队伍。然而，接管上海的共产党人很快发现执政环境极为恶劣。

上海的接管和复工都是很快的。解放当天，官僚资本企业中国纺织建设公司沪西各厂已有十二厂全部复工，并静候接收。第二天，荣毅仁家族企业和上海最大的百货商店——永安百货复工复业。但更严重的是由于上海是亚洲金融中心，围绕金融领域的斗争格外激烈。这是共产党人面临的最大挑战，但也锻炼了共产党管理世界大城市的综合能力和水平。

物价飞涨、空中国民党飞机轰炸、物资严重匮乏，金银地下钱庄操纵市场，人民币浮在市面，“硬的还是银圆”，到了6月初，这一系列棘手问题越发严重。国民党的金圆券基本上是废纸，为了不让老百姓受损失，安排以人民币兑换。当时装运金圆券的汽车，从外滩沿九江路一直排到四川路。即便如此，在旧经济势力的操纵下，老百姓担心人民币贬值，到手就换成粮食等生活物资。由于黄金和外币禁止流通，上海到处都是银圆，街头巷尾，充斥叮叮当当的敲击声。6月5日银圆贩子有2万人，到了8日有8万人，根据不完全统计，总共大概有30万之众。

巨大的利润让投机的人们趋之若鹜。一开始，1枚银圆值人民币100元，到了6月4日突然涨到1100元，人民币成了银圆的辅币，一时间风雨如晦。5日，上海市委决定抛出10万枚银圆，却被市场投机者鲸吸一空。7日，1800元人民币兑1枚银圆。银圆暴涨、物价上涨，连环联动，批发物价指数猛涨了2.5倍。随着银圆分子狠赚、物价猛涨，人们对人民币的不信任程度不断增加。社会形势十分严峻，有的商号开始用银圆标价，拒收人民币！甚至一些投机分子口出狂言：“解放军进得了上海，人民币却进不来上海！”

这真是经济大考，时代大考！

全世界都在瞩目新中国，猜测她能否站住脚，会不会坚持不住。一位美国学者在其著作中写道："当共产党的军队于1949年进军战胜国民党时，他们结束了几十年的战争，不过他们的斗争刚刚开始。中国领导人在恢复中国经济并使之现代化方面遇到巨大的困难。"这种质疑发展到没有逻辑地断论"中共的胜利将不过是昙花一现而已"。实际上，中国共产党对恢复和发展经济的重要性有着非常清醒的认识和判断。1949年3月，毛泽东就向全党发出这样的忧虑和告诫："如果我们在生产工作上无知，不能很快地学会生产工作，不能使生产事业尽可能迅速地恢复和发展，获得确实的成绩，首先使工人生活有所改善，并使一般人民的生活有所改善，那我们就不能维持政权，我们就会站不住脚，我们就会要失败。"

"莫听穿林打叶声，何妨吟啸且徐行。"新生的政权就是一片汪洋大海，什么样的惊涛骇浪没有经历过，狂风巨浪不能掀翻大海，风浪过后大海依旧在那里。6月7日晚，在邓小平、陈毅、刘伯承等参加的华东局会议上，华东局财委会主任曾山报告银圆投机活动严重情况时指出："如不采取断然措施，不出一个月人民币就有被挤出上海的危险。"会议决定采取政治手段，查封银圆投机大本营——位于汉口路422号的上海证券交易所，惩办首恶、坚决打击金融投资捣乱活动。陈毅通过电话向中央报告了这个决定，12小时后，毛泽东亲自回话表示赞同。

上海证券交易所大楼有2000多部自动内线电话，还专设对外直线，每天数千人聚集在那里进行公开投机活动。6月10日上午8时，上海市公安局局长李士英带领200多名便衣公安干部，分5组控制进出通道。上午10时，华东警卫旅派出一个营对整栋大楼军事包围。从上午到第二天凌晨，清理登记了所有人的名单和财物，集中2100多人，后来经过逐个盘查后，扣押238名银圆投机主犯。这次行动抄没黄金3642两、银圆39747枚、美金62797元等，震动上海、江浙、华东，影响迅速波及全国。6月11日，银圆与人民币比价从2000元猛跌到1200元。

随着后面采取的挂牌收兑银圆、限期收存外币，投机的路被堵死，人民币终于站稳脚跟。在风雨中磨砺、在逆境中蓄势的中国共产党人，必定能集聚起洪荒伟力，冲开绝壁夺隘而出，奔向更为雄壮辽阔的新天地。

“两白一黑”

一波未平，一波又起。

在银圆之战后，上海市政府又与旧势力打了棉花之战、粮食之战和煤炭之战，后称为“两白一黑”战争。“刚解放时，全市煤的存量只够用一个星期，棉花和粮食的存量不足维持一个月的消费。”由于不法商人囤积居奇、哄抬物价，从7月底到10月中旬，物价指数上涨1.5倍，其中，纱价上涨89%；粮价上涨更凶猛，从6月23日至7月16日米价由每石1.17万元涨到5.9万元，上涨了404%，有的甚至叫嚣“只要控制了两白一黑，就能置上海于死地”。

在中共中央华东局第一书记邓小平向中央汇报上海正面临着“煤粮两荒”的严峻局面之后，7月27日，受中央委托，陈云主持财政经济会议，提出要以全国可能的力量支持上海，从东北、华中、华东三个地区调粮到上海，并形成周边城市确保上海之需、东北粮食为后盾的梯度保障计划。在中财委的直接主持下，统筹调拨全国物资，将华北、东北、华中等地的“两白一黑”陆续运到上海，并根据市场物价情况，抛售各解放区援助的物资。其中，大米抛售量由原先的市场总占比5%提高到55%以上，从7月下旬开始，物价涨势逐步缓和。

游资依然在寻找突破口，到8、9月份从周边城市开始推高，9月中下旬华北地区掀起物价波动，这些都在推动上海物价上涨。实际上，这次涨价风以上海为中心，各个城市遥相呼应，是涨势最猛、持续时间最长、影响最大的一次，处理起来带有更大的挑战性。到了11月25日这一天，全国各主要城市也一齐大量抛售，连续10日，同时加强金融管理与市场管理。这次打击更加沉重，原先亏本的投机商囤货不卖，宁肯举债发工资，利息重到每借1元月息2元的地步。此时，银根紧缩、物价大跌，许多厂商周转不灵，举手告饶。自11月26日起，各地物价回落，持续了50多天的物价涨风，终于得到全面遏制。

虽然后来还有第三次、第四次物价涨风，但已是强弩之末，由于国营公司实力充足、各地协同有方、控制得宜，未形成全面涨风。在全国统一财经工作之后，全国财政状况开始好转，物价也由波动走向基本稳定。1951年仅为1.4%，到了1953年后，每月涨幅在1%以下。中国人民银行的存款总额，1950年9月比1949年12月增加了12倍以上。经济稳定大大有利于社会稳定，而社会稳定反过来又有利于经济稳定。

旧社会的十多年通货膨胀一去不复返了！不能不说这是一个奇迹，是共产党人创造的奇迹。

从上海石库门到井冈山自办企业，从延安根据地到全国政权，100年惊涛拍岸，100年风华正茂。奋进在新征程上，中国的经济大海一定会更加雄阔壮丽，中国一定会取得更为璀璨夺目的发展成就。

激流勇进的共产党人，从“不亚于淮海战役”的胜利中起步，精神抖擞、意气风发！

柳暗花明的亚非会议

1955年4月19日下午4时45分，在气候宜人的“花城”万隆——亚非会议上，中华人民共和国代表周恩来发言。

新中国自成立以来，就一直被丑化为洪水猛兽。事实到底如何？在这一刻，周恩来的发言至关重要，无论是对我们还是对世界其他国家，采访记者、与会代表，就连来宾席上的外交官也都掏出了笔记本记录。

印度尼西亚总统苏加诺在上午的开幕词中自豪地指出，“这是人类有史以来第一次有色人种的洲际会议”。正因为如此，这个会议在国际社会引起强烈反响。此时，会场上座无虚席，就连过道处也站满了人。一时间，水银灯亮了起来，照相机不时地在拍。

会议暗流涌动。伊拉克发言人法迪尔·贾马利疯狂攻击共产主义，号召非共产党国家认真对待共产主义危险的严重性，认为共产党已经制造了“新形式的殖民主义”。针对这一发难，周恩来首先指出：“中国代表团是来求团结而不是来吵架的”。会场内瞬间一片肃静，人们心里悬着的心终于放下。这铿锵有力的声音、立场坚定的表态，使别有用心的人散布的所谓“共产主义威胁”“颠覆活动”等攻击型言论不攻自破，会场的气氛为之好转。

周恩来发言完毕，掌声雷动，整个会议大厦为之沸腾了。这彰显出新中国奉行的是和平外交政策，更映照出被殖民主义压迫的亚非各国代表在驱散内心担忧之后的无比欢畅。

初到日内瓦

20世纪50年代是动荡的十年，也是建设的十年。不仅要在国内经济建设上得分，还要应对国际风云，展示新生共和国的风采，甚至可以说，此后共和国的一切成就和苦难，都与之休戚相关。

1954年2月，由苏联倡议，苏联、美国、英国和法国四国外长在柏林会议上达成一致协议，定于1954年4月26日在日内瓦举行会议，讨论和平解决朝鲜问题等，中国全程参加整个会议。对此中央高度重视，开会研究提出“打破美国政府封锁”，采取积极参加日内瓦会议的方针，“力争不使日内瓦会议开得无结果而散”。这次会议既是全权代表亮相国际舞台，更是缓和国际紧张局势的一个重要契机。

4月20日，周恩来率领中国政府代表团由北京登机取道苏联前往日内瓦。一场外交上的刀光剑影由此展开。

4月28日，周恩来首次发言。他指出，“这个会议的目的应该是为了缓和国际紧张局势，巩固世界和平”。接着他义正词严地驳斥了美国和南朝鲜①代表提出的企图由美国支配整个朝鲜的荒谬主张。在整个会议中，由于周恩来和苏联外交部长莫洛托夫、朝鲜外务相南日密切配合、并肩作战，使论战对方陷于被动、尴尬的境地之中。特别在美国企图强行结束会议之际，周恩来一鼓作气地提出中国代表团关于达成协议的建议，引起了会场的骚动和气氛变化。他的发言犹如磁石吸引了与会者，比利时外长甚至颔首认可、起而响应。最终，散会后，莫洛托夫快步走到周恩来面前，兴奋地拍着周恩来的肩膀连连称赞说：“太妙了，太妙了！”

日内瓦会议，是周恩来和平共处思想发展的一个重要阶段，是新中国外交史上迈出的精彩一步。在日内瓦会议上，周恩来使外交成为艺术，被称赞为“最能干的外交家”。在机场散发的中英文书面简历中是这样介绍这位中国共产党领袖的：“周恩来（生于1898年），中国杰出的政治活动家、军事家和外交家，中国共产党杰出的组织者和领导者之一，毛泽东最亲密的战友之一。”

---

① 南朝鲜，即韩国（全程“大韩民国”）。第二次世界大战后，朝鲜半岛以北纬38度线（简称“三八线”）为界南北分治，1948年南北方先后独立建国，北边仍叫朝鲜，南边于1948年8月15日正式成立“大韩民国”（简称韩国）。1992年中国和韩国建交之前，中国是不承认韩国的；1992年建交后，我们开始逐步改变对其的称呼，由南朝鲜转为韩国。

南中国海上空的“罪恶之花”

新中国以其务实、真情打动着更多的国家。

1955年1月15日，印度尼西亚总理阿里·沙斯特罗阿米佐约代表5个发起国，热情邀请中国参加4月将在万隆召开的亚非会议。用外交辞令来评价，这是“历史上第一次为了促进亚非各国间的亲善合作”“建立和增进友好睦邻关系而召开的会议”，包括新中国在内的29个亚非国家的代表将齐聚一堂。在这29个国家中，6个国家和我国有外交关系，1个同我国只是贸易关系，其余22个国家多数还同台湾国民党当局有“外交关系”。

然而，此行并不顺利。

4月11日，中国代表团包租的印度航空公司飞机“克什米尔公主号”飞离香港约5小时后，在纳土纳群岛附近的南中国海上空坠毁。原来台湾特务机关为了阻挠新中国代表参加亚非会议，收买香港启德机场工作人员周驹，利用清洁工身份趁机在星座式客机上放置了定时炸弹。中国和越南代表团工作人员以及随同前往的中外记者11人全部遇难。

在此之前，我方收到一份关于台湾国民党将采取破坏活动的重要情报，周恩来得知后，立刻通知英国方面。香港政府加强了防范措施，但百密一疏，忽视了对飞机自身的安全检查，让周驹有机可乘。

面对复杂的严峻局势，周恩来泰然处之。4月10日邓颖超去信关切周恩来要“严密警惕，仔细机警”。4月11日，“克什米尔公主号”爆炸。就在这天，周恩来收到邓颖超来信。在复信中，周恩来深情写道："你的来信收阅，感你的好意和诤言。""有这一次教训，我当更加谨慎，更加努力。文仗如武仗，不能无危险，也不能打无准备的仗，一切当从多方考虑，经过集体商决而后行。望你放心。再见。"在事件发生后的第五天，周恩来出现在雅加达玛腰兰机场。

在八宝山烈士墓，有一个高高的纪念碑。碑前镶嵌着一块汉白玉浮雕，正面镌刻着周恩来的亲笔题字："参加亚非会议的死难烈士公墓"，背面刻着烈士姓名和简历。石碑上刻有记载烈士们殉难经过的碑文，最后一句是"为和平、独立和自由事业而光荣牺牲的烈士们永垂不朽"！

新中国的外交风采

历史上的会议，有的是噪声，听到的是吵架；有的是音符，听到的是艺术；有的是智慧，听到的是真理。

1955年4月24日，万隆会议在绝大多数国家代表团"求同存异"的共同努力下，终于冲破了重重阻挠，取得了丰硕成果，在掌声中胜利闭幕，这是国际和平力量的一个重大胜利。会议主席、印度尼西亚总理阿里·沙斯特罗阿米佐约高度评价会议成果，"愿万隆会议成为指引亚洲和非洲的进步前途的灯塔"。

万隆会议虽然只有一周时间，但外交的局面一下子打开了，新中国的地位上升了，形象更加突出了。会议结束不久，印度总理、锡兰总理、巴基斯坦总理、埃及宗教事务部部长等访问了中国；尼泊尔、叙利亚、斯里兰卡等11个亚非国家同中国建立了外交关系。这些成就的取得，同周恩来熟练掌握新中国的外交方针、善于做国际统一战线的卓越才干是分不开的。

比如，在补充发言的环节，周恩来提出求同存异的方针，加强团结。直到19日上午大会结束，他还没有发言。中午回到驻地别墅却展开了一场准备下午发言稿的突击战。周总理口述，秘书、翻译们紧张工作，犹如进行一场战斗。在短短的补充发言中，他真诚邀请与会人员“亲自或派人到中国去看”“你们什么时候去都可以。我们没有竹幕，倒是别人要在我们之间施放烟幕。”绵里藏针的外交艺术、爱憎分明的外交立场可见一斑。他还阐明中国政府在台湾问题上的严正立场，和多国代表团团长就台湾问题深入交换意见，澄清被歪曲的事实真相。他指出，只有在美国从台湾和台湾海峡撤走一切武装力量后，台湾的和平解放才有可能。这些关于台湾问题的讲话和声明震动了万隆，其影响很快波及全世界。一个记者评价周恩来，“在这个辩论几乎已经陷入僵局的时候脱颖而出，成为会议的明星，成为排难解纷、平息争端、带来和平的人物”。

美国记者鲍大可在《周恩来在万隆》一书这样写道：“中国虽然是亚洲的一个大国，但刚刚取得民主革命胜利的新中国在国际上还未受到重视，它的作用还远远未发挥出来，其他国家对它也还是不甚了解。万隆会议的召开为中国提供了一个走上国际舞台、喊出自己的声音、打出自己的旗帜的绝好机会。”

周恩来指出，“我们的会晤是难得的”，应该珍惜它。他广泛接触各界人士，谋求亲善与合作，增进了解与友谊。有个小插曲令人非常感动。会议闭幕的当天，5个发起国宴请周恩来。宴会前半小时，他说，“我还有一个活动”。于是他带着礼宾司司长去参加一个小国的酒会。这个国家的代表团虽然事先邀请了周恩来，当了解到时间和5个发起国宴请冲突时，都以为周恩来不会出席他们的酒会了。周恩来的到来，使他们感到非常意外。这种时刻尊重小国、平等相待的外交风范让人们感慨不已。

周恩来面对记者，充分显示出杰出外交家、政治家温文尔雅、落落大方的风度。在4月19日下午的发言中，他诚恳地指出，“中国代表团是来求同，而不是来立异的”。我们之间的共同之处，就是我们“在近代以来都曾经受过、并且现在仍在受着殖民主义所造成的灾难和痛苦”，因此，我们之间“就很容易互相了解和尊重、互相同情和支持”。周恩来当时的翻译浦寿昌回忆道，楼上的记者席挤满了人。如果当时掉一根针在地上都能听见，大家都非常安静地听总理讲话。

短短的18分钟发言，把会议的气氛推向了高潮。周恩来说：“中国人民为反对殖民主义所进行的斗争超过一百年。”在中国共产党的领导下，总共“经历了近三十年的艰难困苦的过程，才终于达到了成功”，尤其是“我们共产党人是无神论者，但我们尊重有宗教信仰的人”，“己所不欲，勿施于人”。一系列数据支撑说明了“中国威胁论”是不存在的，同时也让与会的各国代表充分认识了新中国同亚非国家发展友好合作的诚恳与善意以及对和平的美好愿望。

为了让世界了解中国，改善中国的国际环境，周恩来还在会议上向外国友人发出了“到中国来看看”的热情邀请，于是，世界各国数百个代表团来到了新中国，人数接近两万，代表作品为《存在与虚无》的法国作家萨特和波伏娃就是其中两位。波伏娃觉得“实地考察这样一场变革的开始，我觉得是个很好的机会”。百闻不如一见。访问结束后，萨特撰文盛赞中国的发展变化，对新中国的未来寄予了巨大的希望。

亚非会议后，一位路透社记者报道，大家都承认周恩来才智至高无上地主宰着会议。代表们承认和平攻势用这样逐步推进的艺术以及非凡的天赋施展出来，是从未有过的。代表们惊叹：他是怎样的洞悉力能够察觉并道出大家心窝里想说的话啊！

这一点也可以从尼克松的感受中得到验证。中国的大熊猫是亲善大使，在1972年中美建交的破冰之旅中担当了重要角色。在尼克松的答谢会上，尼克松夫人帕特对印有憨态可掬的大熊猫图像的香烟盒子很感兴趣，连声赞叹："真是太精美了！我太喜欢大熊猫了！"坐在旁边的周恩来闻听此言，不动声色地说："总统夫人，我们送你一些吧。"尼克松访华两个月后，"玲玲"和"兴兴"便到达华盛顿动物园，8000多名美国民众冒雨迎接，尼克松夫人也亲自出席了动物园熊猫馆的揭幕式。

后来，尼克松在其回忆录中这样写道："中国人的细密给了我最深刻的印象。我听人说过，也在书籍和引语中读到过中国人的这种细密。当然，周恩来不仅有中国人的细密，而且还有一位世界外交家的广泛经验。"正好暗合了郭沫若对周恩来的评价"思考事物的周密如水银泻地，处理问题的敏捷如电火行空"。

正如1958年9月19日毛泽东复信给周恩来所说，"高屋建瓴，势如破竹，是我们外交斗争的必须形态"。经过这次会议，新中国的地位在一周之间上升了，形象更加突出了。确实，中国共产党人带着新中国的自豪，以才干、个人和通情达理的态度，给世界各国哪怕是反共国家的领导人留下深刻的印象。

这一切努力、探索，时至今日都值得尊重和学习。

《论十大关系》的智慧之光

这是一个高歌猛进的时代，这是一个中国人扬眉吐气、当家做主人的时代，在毛泽东眼中，“从来也没有看见人民群众像现在这样精神振奋，斗志昂扬，意气风发”。“我看，我们这个民族现在好比打破原子核释放出热能来。”中国人民敢教日月换新天的决心斗志被极大地激发出来，“希望我们的国家成为一个大国，一个强国”。

1956年4月25日，一个闪亮的日子。毛泽东在中央政治局扩大会议上作了《论十大关系》的重要讲话，这标志着“中国共产党比较系统地探索中国自己的建设社会主义道路的开始”。从马克思主义中国化视域来看,《论十大关系》是推动马克思主义与中国革命建设的伟大实践第二次相结合的发轫之作，也是唯一一篇在中共十一届三中全会公报中被提到的毛泽东论著。

《论十大关系》是在“找路”，是探索中国社会主义建设道路的开篇之作，其中有借鉴，有思考，有经验，有困惑，带有典型的开国气象，又洋溢着对未来的自信。

不能走弯路

“最近苏联方面暴露了他们在建设社会主义过程中的一些缺点和错误，他们走过的弯路，你还想走？”毛泽东这一问，廓清了历史迷雾。

我们的社会主义，不是写在书本里的概念，而是几代人用生命和汗水浇灌出来的火热实践。我们的社会主义，绝不是盗版、翻版，不是嫁接移植的“飞来峰”，而是解决中国问题、福泽中华民族的正道、大道。

1956年是新中国历史上富有转折性意义的一年，社会主义改造的速度快得惊人，社会主义建设的重任已经客观地摆在中国共产党人面前。毛泽东的初衷是想了解经济建设的实际情况，更好地实现在几十年内改变我国在经济和科学文化上的落后状况，迅速达到世界先进水平。正如黄克诚后来回忆说，“毛主席晚年的雄心壮志仍然非常之大，想在自己这一生中把本来要几百年才能办到的事情，在几年、几十年之内办到。”苏共二十大之后，毛泽东在调查中开始更多强调打破苏联迷信、以苏为鉴等问题。

有三点值得关注。

一是如何保持独立自主。从1956年2月14日起，毛泽东先后听取了国务院34个工作部门汇报工作。从3月1日起，周恩来先后10余次参加毛泽东召集的汇报会，陪同毛泽东听取了轻工业、交通、邮电、财贸、财政部和人民银行的工作汇报。同样，从3月18日起，刘少奇多次参加毛泽东召集的汇报会。他们都发表了不少自己的看法，这时，中央高层对以苏为鉴、总结经验达成一致。毛泽东在《论十大关系》中指出："特别值得注意的是，最近苏联方面暴露了他们在建设社会主义过程中的一些缺点和错误，他们走过的弯路，你还想走？过去我们就是鉴于他们的经验教训，少走了一些弯路，现在当然更要引以为戒。"

二是要解决制度问题。解决制度问题比解决思想问题更重要，更带有根本性，这是毛泽东在形成《论十大关系》过程中的一个重要观点。建立党委集体领导和个人负责相结合的管理制度，而不是搬用苏联的家长制，这就是一个引以为戒的关键点。

三是如何防止中国被开除球籍。经过铲地基、打扫屋子再迎接客人等一系列"动作"之后，走社会主义道路是绝无任何悬念的选择。《论十大关系》的开篇和结束部分两次强调要调动一切积极因素，把中国建设成为一个强大的社会主义国家，这就是未来的走向和目标。特别是新中国成立之初，帝国主义的封锁和包围始终存在，国外战争的压力始终没有解除，如果中国不能以较快的速度发展，赢得与资本主义相比较的优势，就会有被"开除球籍"的危险。时隔20多年后，邓小平不计个人荣辱得失，敢于纠正"文化大革命"

的混乱局面，敢于承认中国有被“开除球籍”的风险，为启动改革开放做了最初的思想准备和动员。

历经70多年奋争，社会主义道路之行在西方之乱的映衬下愈加耀眼，中国之治在世事的变迁中更加气定神闲。

“中国应当是辩证法发展的国家”

《论十大关系》之所以具有如此长久的生命力，不仅在于其科学的内容，而且在于其深邃的哲学思想和辩证法特色，在于其秉持的科学方法指导和对未来走向的深刻观照。

以苏为鉴与“走自己的路”的辩证法。素有独立自主精神的中国共产党，虽然在苏联帮助之下顺利完成“一五”计划，但“总觉得不满意，心情不舒畅”。从苏联搬过来的经验和做法，水土不服问题日益严重。早在1952年夏，按照苏联专家意见而实践的北京城区建设规划暴露出严重的弊病，造成严重的交通发展局限，最后导致一些老城墙和老建筑不得不拆除。毛泽东说，“前八年照抄外国的经验。但从1956年提出十大关系起，开始找到自己的一条适合中国的路线”。实际上，从马克思主义中国化的自觉性来看，照抄外国经验主要还是基于复制和应用苏联模式，1949年后，在打破一个旧世界、建设一个新世界的过程中，很快就从经济工作领域开始对新中国成立后社会主义道路做积极探索。如同革命道路不是千篇一律的一样，“适合中国的路线”也是对历史的回应，是不甘心当苏联学生的探索，是马克思主义中国化在建设、发展阶段的自然延伸。

在苏共二十大最后一天，赫鲁晓夫抛出了彻底否定斯大林的秘密报告，这不啻惊雷，对受到苏联革命和建设模式影响以及受其帮助过的社会主义国家来说，否定了苏联模式，在一定程度上也是给社会主义抹黑。这促使毛泽东将以往的革命、建设实践与反思苏联教训结合起来，在以苏为鉴的基点上继续思考中国的发展方向和道路。其实，走自己的路，不仅是对过去革命经验的总结，更是着眼于未来。在毛泽东看来，“不要全盘西化”“应该学习外国的长处，来整理中国的，创造出中国自己的、有独特的民族风格的东西”。

两点论与重点论的辩证法。从内容上讲，《论十大关系》重点关注的首先是经济建设实践问题。这一点可以从毛泽东在成都会议上的讲话中得到证验，“在十大关系中，工业和农业，沿海和内地，中央和地方，国家、集体和个人，国防建设和经济建设，这五条是主要的”。在比较了当时世界上近代工业化道路的基础上，在冷战铁幕之下，我们最终选择了社会主义工业化道路。《论十大关系》强调在国家以重工业为投资重点的前提下，要适当增加农业、轻工业的投资比例。实际上，这就是一条既区别于欧美，又区别于苏联的中国式工业化图景。为推进国家治理体系和治理能力现代化，习近平总书记指出，我们“要学会运用辩证法，善于‘弹钢琴’，处理好局部和全局、当前和长远、重点和非重点的关系”，要更加注重改革的系统性、整体性和协同性，更加统筹解决问题，建立健全有机、协调、动态和整体的现代国家制度运行体系。

实践与理论互动的辩证法。对于一个新生的共产党执政国家来说，一切都是新鲜的，但又充满了挑战。

1956年初，以召开座谈会的方式，连续1个多月，毛泽东等中央领导集中听取了多达34个部门的汇报，中间还穿插着多次会议讨论，以至于毛泽东说这段时间每天都是“床上地下、地下床上”。经过大规模调查研究，经过理论思索和实践探索的相互撞击所形成的《论十大关系》是用马克思主义实践观、方法论解剖国民经济运行的一次成功尝试，生动地体现了实践之源与理论创新双向互动的有机结合和实际运用，精粹了“两类矛盾”“双百方针”等合理硬核，为随后党的八大会议胜利召开奠定了基本方针。

未来和今天的关系：毛泽东治国智慧的当代回响

从巴黎公社到苏俄革命成功，从一国到多国胜利，治国理政从来没有一个现成的答案。从今天的眼光去看《论十大关系》，其中的历史局限性也很明显，但更为标识的意义就是，以毛泽东为代表的中国共产党人敏感地把握时代主题转换、时代重任变迁、时代要求更新，呈现出生机盎然的理论品质和创新思维。恩格斯认为每一个时代的理论思维都是一种历史的产物，它们具有完全不同的形式和完全不同的内容。从这个意义上来看，《论十大关系》所开启的探索和思考，中国特色社会主义进入新时代，更加需要彰显实践探索的理论高峰。

坚持以人民为中心的发展思想。实践是理论创新的土壤。中国共产党在改革开放过程中，不断适应时代发展的要求，与时俱进，不断开创中国特色社会主义理论，丰富和发展马列主义、毛泽东思想。德国东亚问题研究者卡罗琳博士说，中国共产党给她最深的印象就是，这个党并不像西方一些政客和媒体描述的那样是一个“一成不变”的“抽象”符号，而是在不断进步的。中国共产党有惊人的学习能力，可以博采众长，包括资本主义的一些优点。欧洲国际关系研究所秘书长伊德拜斯在接受《环球时报》记者采访时指出，中国共产党是“能够很快并充分适用现代挑战的政党”。

在20世纪80年代的中国，人人都能感受到改革开放给这个国度带来的巨大变化和活力。在1984年10月1日中华人民共和国成立35周年国庆大典上，游行队伍中的大学生们突然打出了“小平您好”的横幅，一句最简单的问候发自肺腑，一句最质朴的评价真情表露，真实地映射出当时人们对于改革开放的拥护支持和对美好生活的热切期盼。这就是践行以人民为中心发展思想的朴素折射。

坚持以问题为导向的实践取向。十大关系中每一个都是突出的问题，都关乎中国发展大局。近代中国社会主要矛盾和主要任务的改变直接决定了马克思主义和中国革命、建设和发展实际相结合的主题转换和问题把握。《论十大关系》之后，探索社会主义建设和发展路径取代了此前的探索新民主主义革命道路和社会主义革命道路，问题导向的鲜明性可见一斑。跟中国打开国门逐步形成全方位、多层次、宽领域的对外开放格局不同的是，东欧的多数国家生产力发展速度减慢甚至停滞，与原来同时起跑的资本主义国家之间的差距越来越大，以至于后来发生剧变、红旗落地。

关于这一点的中苏比较，邓小平目光如炬，“不坚持社会主义，不改革开放，不发展经济，不改善人民生活，只能是死路一条”。这可谓是观察和把握社会主义制度兴衰存亡、时代主题的扛鼎之论，对应着1956年的新中国探索之旅，其中的曲折、挫折、辉煌更加激荡人心、荡气回肠。

坚持辩证法的科学方法。推进国家治理体系现代化既是我国政治体制改革的主要目标，也是全面深化各项改革的重要途径，要在中国完成这一项伟大事业，需要不断总结、借鉴古今中外的经验、汲取各方智慧和力量。100多年来，中华民族在寻找适合中国国情的国家治理体系方面走过了艰难曲折的历史过程。新中国成立后，以毛泽东为代表的中国共产党人在领导中国革命胜利、开始社会主义建设进程中，一直在思考未来建立什么样的国家治理体系。毛泽东在《论十大关系》一文的结尾处明确表示，“这十种关系，都是矛盾。世界是由矛盾组成的。没有矛盾就没有世界。我们的任务，是要正确处理这些矛盾”。

可以说，1956年开启的社会主义道路探索，《论十大关系》提出正确解决十对矛盾，已经表明中国共产党人有了科学有效管理国家事务、维护公共秩序的战略考量，为建立健全现代国家治理体系提供了路径参考和科学方法论。党的十八大以来，以习近平同志为核心的党中央继承和发展我们党关于社会主义现代化建设的理论，明确提出推进国家治理体系和治理能力现代化，实现从工业、农业、国防和科学技术现代化向全面现代化目标的历史跨越，这生动体现了我们党对国家治理体系和治理能力现代化科学内涵的准确把握，体现了我们党对改革认识的深化和系统化。

我们站在历史与未来的交会点上。

我们豪情万丈，迎着朝阳的方向。

我们走在大路上，脚踏人间正道，何惧世事沧桑。

红旗渠，太行山深处的一泓清流

1965年4月5日，开渠时林县（今林州市）万人空巷、欢庆渠成；渠水欢奔、激励人心。红旗渠由山西向河南林县倾泻了滔滔清流，久渴的人们和干涸的土地为之疯狂。人们载歌载舞，甚至有个年过花甲的老太太，叫人用绳子吊着搪瓷缸子到渠里打水喝。

天河逶迤腾浪去，渠水长流忆英豪。经过十年奋战，红旗渠全部竣工。为修建这条长达1500多公里的长渠，林县人民削平山头1250座，开凿隧洞134个，总长24公里；架设渡桥150座，总长

6.5公里；挖砌土石方1640万立方米。他们开玩笑地说，如果用这些土石方造一条高1米、宽4米的公路，从林县出发，可以北到哈尔滨，南到广州。

渠和命连接在一起

这里有渗透着热血与热汗的土地。历史上将林县与缺水联系在一起，留下了一幅幅凄惨的图画和一个个冷酷无情的记录。清朝光绪年间大旱，三年无麦禾，有饥而死者，有病而死者，死于道路者，但割其肉而食之，甚有掩埋，有刨其尸而食之。在这座干枯的茫茫穷山之中，久渴的人们对水有着疯狂的追求与向往。

这里有充满了记忆与渴望的群山。在风光秀丽的红谷山洪山寺的边上，有一条修建于明朝的小水渠。知县谢思聪看群众吃不上水，就修了一条长达9公里的小渠，将山上长年不断的泉水引到山下，成了附近十多个村庄群众的生命渠。受益百姓筹资建“谢公祠”，并将“洪山渠”改名为“谢公渠”。

试上高峰瞰天河，顿看天眼觑奇景。但苦难的缺水历史并没有终结，直到新中国成立后，还有人因不小心打翻了从几十里外挑来的水桶而自责上吊。进入新社会就要谱写新篇章，共产党人立志要用自己的双手斩断穷根、托起朝阳。31岁的县委书记杨贵站出来了，经多方考察后，县委决定从山西平顺县引浊漳河水入林县。

县委书记杨贵

天盖着地，地托着天，石头塞满天地间，焦渴的风雷，命运的抗争，撕裂了干枯多年的旧山川。

修红旗渠，这是一项充满风险的决策。在这里不能不重点说说县委书记杨贵。工地民工住宿要搭席棚，可芦席短缺，怎么办？杨贵就把自己床上的席子、床单拿出来，送到渠上去。有了杨书记带头，其他干部根本不用招呼，纷纷效仿。正是饱含着对人民的朴素感情，杨贵才赢得了民心民意。

杨贵不仅面临工程技术上的风险，还面临政治前途上的风险。红旗渠开建没多久，就有人攻击他，说他劳民伤财。多年后，杨贵回忆当时的心境："我们可以坐着等老天爷的恩赐，这样我们的乌纱帽肯定保住了，却战胜不了灾害，遭殃的是人民群众。"

总干渠从渠首到分水岭，水流落差只有10.31米。这短短的10多米要控制住整个1500多公里的大渠，在当年技术设备简陋的条件下是何其难啊！如果测量有误差、设计不合理，红旗渠不仅修不成，更是劳民伤财、前功尽弃。在青年洞竣工前，河南省委书记处书记杨蔚屏和杨贵说，工程这么大，如果水流不过来怎么办？杨贵听后就回忆起奶奶讲的故事：有个小女孩的父亲帮乡亲们筹资引水。结果渠修成后，下游高，上游低，水流不过来，小女孩的父亲在乡亲们指责之下自杀了。这块石头在杨贵心头压了整整6年，更压在50万林县人民的心头。直到开渠成功的那一天，水欢快地流出，杨贵不禁泪目。

党徽闪耀红旗渠

在修渠的过程中，81人为之献出了宝贵的生命，108人受伤。红旗渠不仅是人民用血汗铸就的天河，更在修渠过程中凝练了更为久远的红旗渠精神丰碑。

1960年2月10日，林县县委向全县人民发出了《引漳入林动员令》。正月十五后，吃罢最后一顿饺子，挑担子的、推车的、步行的，3万人就上路了。

到底是一种什么样的力量，让中华民族五千年来优秀文化从未中断？到底是一种什么样的力量，让中华民族每到危亡关头都可以绝地反击、生生不息？这魂魄就是中华民族顽强奋斗、自强不息的精神品格。1960年，红旗渠开挖不到4个月，就遇到了大麻烦。炸过的悬崖，山石松动，不时掉下石头，造成人员伤亡。有一次几块巨石呼啸而来，在山坡干活的14个工人一个也没有活下来，现场血肉模糊，清理了3天才清完。有人提议渠不修了。

以任羊成为首的凌空除险队站了出来。“除险英雄任羊成，阎王殿里报了名。”有一次，任羊成正在岩石下排除险情时，吊绳刮落了碎石，一块石头凌空而至，正砸在他的嘴上，3颗门牙就横在了嘴里。任羊成索性掏出老虎钳，把它们拧掉，继续干活。任羊成就是除险队长。排除险情时，要先通过爆破把可能滚落的石头清除掉。任羊成和他的几个伙伴们用绳子捆着自己，像荡秋千一样，借助绳索摆动的势头凌空一荡，在与石壁接触的瞬间完成除险任务，最大的荡幅往往达到30多米，回荡力量之大可想而知。荡在半空中作业平均每次都要四五个小时，最长的一次达8个小时之久。这些“飞虎雄鹰”在半空中就像随风飘动的风筝，在远处又如蜘蛛放线。他们是把危险集中到自己身上的人，在空中团团旋转，随时都有可能因绳子被山石绞断而跌入深渊。

红旗渠畔还传颂着一位女支书郁林英的故事。在她的带领下，昔日坡多地少、偏僻荒凉的庙荒村摘掉了贫困帽，实现古老乡村的华丽转身，成为太行山侧的一颗明珠。她是林州党员干部的一个缩影。还有许许多多共产党人，多年来彼此接力，活跃在带领老百姓战太行、富太行、美太行的最前线。

最为感人的是一名共产党员李改云的故事。修建红旗渠的时候，她是第一个报名的，并被选为妇女队长。1960年2月18日快收工时岩缝突然坍塌，李改云为了救人，被石头砸中，只拉出半条腿。她醒了以后对领导说：“别的我没有任何怨言，我只有十块钱，你把我的党费交了吧，别的没有啥。”

随着岁月的流逝，我们可能会淡忘一些细节，但红旗渠精神不灭，永远值得学习。

修建青年洞的青年突击队

江泽民题写的“青年洞”是红旗渠的一道亮丽风景线。

引水如牵牛，劈山如切菜。1962年始，三年困难时期后，红旗渠全面停工。为了抢进度，在县委的动员下，300名青年男女冒险留在青年洞工地，要把这块最难啃的骨头啃下来。当时李顺昌和王文书与村里的其他6位青年都加入了这支队伍。工人的粮食不够，存米粒粒可数，干的又是重体力活。他们就上山挖野菜，和玉米面掺在一起吃。吃糠咽菜奋战500多天，他们从侧面开工，终于挖通了高6.2米、宽5米、长616米的隧道。

抗争之间、党性之间，修渠的悲壮豪迈是对中华民族精神内核的继承，也是红旗渠精神最充分的表达。在6800多万元的红旗渠总投资中，国家投资1025.98万元，仅占比14.94%，超过85%的投资来自地方和群众自筹。群众的渴望就是最大的动力。当年县委征求意见时，林县百姓说："国家没钱，我们自带干粮也要修成，这是祖祖辈辈的大事。""抢晴天，战阴天，小风小雪是好天，汽灯底下是白天，争取一天当两天。"为着千年的盼望，在山中风餐露宿的林县百姓化苦为乐："撕片云彩，擦擦汗；凑近太阳，点支烟"。

从"路漫漫其修远兮，吾将上下而求索"到"长风破浪会有时，直挂云帆济沧海"，传颂千年的名句在林州找到了最好的注脚。1966年4月，红旗渠总干渠通水前，特等劳模张买江的母亲赵翠花坐在渠边守了整整一夜——她想先打第一桶水，丈夫修渠牺牲后，她又把儿子送到渠上，这位倔强而坚毅的女人把水视作了亲人。红旗渠修了10年，张买江干了9年，最宝贵的青春岁月都是在修渠中度过的。几十年后，他又从事了更有价值的事业——红旗渠干部学院特聘教师，向全世界讲述红旗渠的故事。无数个张买江这样的人彰显了中华儿女敢为人先、永不服输的气节。

今日林州得益于渠

劈开泰安洪山，漳河穿山来，林县人民多壮志，誓把河山重安排。是谁的双手把天上银河搬到人间？是谁的脚步把山川震撼？是谁在险峰上写就英雄的诗篇？又是谁在神州大地上铺展如春的图案？许多一辈子不知道鱼为何物的山里人，第一次学会了养鱼、打鱼。滔滔渠水，从群峰之间，穿山越涧；又通过星罗棋布的水电站，化为电网，腾云驾雾，奔向更深远处。

青山遮不住，毕竟东流去。汩汩清渠引发我们的思考，不禁在想这股永不枯竭的精神之源。是啊，瞻仰着太行绝壁上“抠”出来的红旗渠或许可以给出答案。攀上缠绕在太行腰间的红旗渠，人们都无比震撼，红旗渠奇崛兀立，仿佛感受到山的魂魄、水的温柔，更感喟在党的领导下50万林县人民战天斗地、敢教日月换新天的战斗豪情。

这里，不仅有中国的过去，更有中国的未来。

对今天的共产党人来说，红旗渠时时叩问的是：我们从哪里来，要到哪里去？凭什么走到今天，又凭什么去开创未来？

红旗渠既是一份历史答案，又是留给后人的一道考题。

一段焦桐百世情

我国历史上，有很多名人故事和地方有关。人们一提到某个地方或某件东西，都会回忆起以往的岁月或某段尘封的历史。在新中国成立70年的历史过程中，一种华北大地上最为常见的泡桐，却与兰考县委书记焦裕禄紧紧联系在一起。

兰考，横卧黄河故道旁，上百年来风沙、内涝、盐碱，被称为“三害”，是这里百姓难以忘却的伤痛，记录了一代兰考人逃荒要饭的窘迫与辛酸。50多年前，为防风治沙，县委书记焦裕禄在这里带领群众种下泡桐苗。泡桐如今已是华盖如云，被大家亲切地称为“焦桐”。

焦桐，可能就是这样：它因时代而诞生，为崇高精神而诞生；它坚守中原沃土，开拓民生视野；它作风稳健，在脚踏实地中穿透历史风云，时时鞭策、激荡我们……

一首词的魅力

精神的力量是强大的。焦裕禄精神跨越时空，永远不会过时。

习近平数次提起焦裕禄，将其作为共产党人的精神楷模。“无论是上山下乡、上大学和参军入伍，特别是后来当县委书记、市委书记，一直有焦裕禄的影子伴随”，习近平多次在不同场合提到焦裕禄，对焦裕禄精神高度肯定：焦裕禄同志是一个很高很高的标杆，我们要见贤思齐；焦裕禄精神跨越时空，永远不会过时；做县委书记就要做焦裕禄式的县委书记……

1966年2月7日，《人民日报》头版头条刊登了新华社记者穆青、冯健、周原的长篇通讯《县委书记的榜样——焦裕禄》。那年，习近平13岁。谈起这段往事，习近平曾说：“我当时正上初一，政治课张老师念了这篇通讯，我们当时几次都泣不成声……”

24年后即1990年，已经是福州市委书记的习近平，在夜读纪念焦裕禄的文章时，感慨万千，填了一首词——《念奴娇·追思焦裕禄》，发表在7月16日的《福州晚报》上，情深意切，思念殷殷。

演员李雪健曾经主演电影《焦裕禄》。他对于焦裕禄的事迹非常熟悉，也很熟悉习近平总书记对于焦裕禄的评价。他说：“每当谈到焦裕禄，我就说要好好学一学这首词，心头顿时就有了一股力量。念一下这首词，心里就有一个想法，虽然我是个普通人，能力有限，但是我愿意跟着共产党，在实现中国梦的道路上，做一个坚硬的小石子，铺路的小石子。我有这种激动，有这种感动。”

“为官一任，造福一方”，习近平把焦裕禄看作衡量广大党员干部的重要标杆。习近平在《念奴娇 · 追思焦裕禄》中深情写道：

> 中夜，读《人民呼唤焦裕禄》一文，是时霁月如银，文思萦系……
>
> 魂飞万里，盼归来，此水此山此地。百姓谁不爱好官？把泪焦桐成雨。生也沙丘，死也沙丘，父老生死系。暮雪朝霜，毋改英雄意气！
>
> 依然月明如昔，思君夜夜，肝胆长如洗。路漫漫其修远矣，两袖清风来去。为官一任，造福一方，遂了平生意。绿我涓滴，会它千顷澄碧。

一次“问计于民”

所有的有效治理都来自认识水平的提高和责任心的增强。

严冬，一个风雪交加的夜晚，焦裕禄召集县委委员在家开会。人们到齐后，他并没有宣布议事日程，只说了一句“走，跟我出去一趟”，就领着大家去火车站了。

当时，兰考车站上，北风怒号，大雪纷飞。许多逃荒的灾民扶老携幼拥挤在候车室里。他们正等待着运送灾民前往丰收地区的专车，从这里开过……

焦裕禄指着他们，沉重地说："同志们，你们看，他们绝大多数人，都是我们的阶级兄弟。是灾荒逼迫他们背井离乡的，不能责怪他们，我们有责任。党把这个县36万群众交给我们，我们不能领导他们战胜灾荒，应该感到羞耻和痛心……"

焦裕禄在一份报告上，又着重加了几句："我们对兰考的一草一木都有深厚的感情。面对着当前严重的自然灾害，我们有革命的胆略，坚决领导全县人民，苦战三五年，改变兰考的面貌。不达目的，我们死不瞑目。"

知耻而后勇。在送走了风沙滚滚的春天，又送走了暴雨连连的夏季，县调查队在风里、雨里、沙窝里、激流里度过了一个月又一个月，方圆跋涉了五千余里，终于使县委抓到了兰考"三害"的第一手资料。全县有大小风口84个，经调查队一个个查清，编了号、绘了图；全县有大小沙丘1600个，也一个个经过丈量，编了号，绘了图；全县的千河万流、淤塞的河渠、阻水的路基、涵闸……也调查得清清楚楚，绘成了详细的排涝泄洪图。

所有的有效治理都来自实践的磨炼和现实的冲击。

兰考治理"三害"也不是一下子就找到病灶的。张庄村村民魏振中讲述了其父亲魏铎彬与焦书记交往的一段往事：1963年3月，焦裕禄为查风口、追风源，寻找治沙办法来到了张庄。听魏铎彬说，他母亲的坟每年冬春都被狂风扒开露出棺材。后来他用了一个早上的时间，从半米深的地下挖出淤泥，把坟盖住，狂风就再也刮不动了。

焦裕禄听完后，兴奋地站起来，这个办法好！1个人1个早上封

1座坟，100人、1000人、1万人、几十万人，干1年、2年、3年，用翻淤压沙的办法把沙丘封住，栽上树，种上草，岂不把骇人听闻的沙丘变成了锦绣田园。

1962年12月9日晚上，焦裕禄住进了城关区老韩陵村饲养员肖位芬的牛屋，向肖位芬请教治理“三害”、改变兰考面貌的办法。肖位芬老人说：“当地俗语叫‘要想富，种桐树’，这里风沙大，种泡桐树，能挡风、压沙。”这一席话提醒了焦裕禄，也开启了他种泡桐治沙增收的思路。

他查阅了有关资料、请教了专业技术人员后，分析总结了大量栽种泡桐的有利条件和好处：发动全县适宜种泡桐的公社和大队统一行动，形成规模；桐树是根生天然育苗，不用买树苗，不用治虫打药；栽树技术性不强，10年内就可以成材，确保沙地变良田，增产增收。

又是一年春来到，泡桐花开正当时。

于是，以焦裕禄为首的兰考县委果断决策，一场大力恢复和发展泡桐林的战役在兰考大地上打响了。有了泡桐，孕育了新的产业。

现在，“三五夜花前月明，十四弦指上风生”，点点琴音如古泉流水，世世代代的庄稼户，放下镰刀，拨起琴弦，泡桐奏出的乐曲谱写出兰考新时期的发展奇迹。经过近60年发展，泡桐产业已成为县域经济的支柱产业，更成为兰考生态文化对外宣传的媒介。

“焦桐”，见证共产党人奋斗的风骨

当年物质匮乏，吃不饱、穿不暖，拍张照片都是奢望。即使拍，焦裕禄也是将机会留给群众，给他们拍照片，这对他们是一种莫大的鼓舞！焦裕禄只留下了一张与“焦桐”同框的照片，见证了这段历史。

1963年9月初的一天，工作人员刘俊生和焦裕禄一同从老韩陵来到胡集南地劳动和调研。刘俊生针对焦书记不愿意照相这件事，进行了一番说服。刘俊生建议：“如果把你和群众在一起劳动的情景照下来，对群众的鼓舞不是更大吗？”焦裕禄一听哈哈大笑起来，说：“好，好，让你照，让你照。我爱泡桐，就在泡桐树跟前照个相吧！”他披着上衣，双手叉着腰，两眼深情地望着那棵泡桐树，高高兴兴地走了过去。

就这样，刘俊生咔嚓一声按下快门，将党的好干部焦裕禄的形象永久地定格在了胶片上。照片洗出来后，焦裕禄拿着刘俊生送来的他和泡桐树的合影，笑着连声说：“这张照片拍得好！”喜爱之情溢于言表。

如今“焦桐”已长成参天大树，它的浓荫将继续泽被后世。

大江大河，奔腾不息。“焦桐”有幸和历史人物的名字联系在一起。一棵树改变了兰考，更雕塑着一代代人的命运。

“铁人”的力量

1959年9月30日，西北井场上，机器轰鸣，转杆飞旋，一派繁忙景象。这是石油工人大比武的庄严时刻。工业部部长余秋里和玉门市、石油管理局的领导们都到了，人们神情肃穆，既期待着当月完成5000米的优异成绩，又在内心深处祈盼着转机不要出故障。

时间过得很快，眨眼间就到了23时20分，距离新纪录还有20米。只见王进喜头戴铝盔，身穿棉工作服，手拿管钳，神采奕奕地从司钻手中接过刹把，熟练地操作，目不转睛地看着压力表，他带着全体石油工人对党的决心意志和共产党员的忠诚，向着地球深处的5000米冲击。

23时38分、39分、40分，终于在距离24时还有20分钟的时刻，王进喜打完一根钻杆，进尺达到5009.74米。一项崭新的纪录诞生了！

虎口拔牙的第一钻

在中华人民共和国成立初期，只要是崭新的工业榜样、农业榜样，甚至学习科技、技能的能手，都会在一夜之间在一穷二白的神州大地传颂。这些党员之所以被久久传颂、讴歌，主要是他们心里装着强国梦，他们和人民心连心、鱼水情深。

王进喜就是这样一个富有传奇的工人代表。

“没有条件创造条件也要上！”

王进喜明知道前进的路上危机四伏，困难重重，为什么还要把任务接下来？因为国家需要石油。20世纪60年代第一春，王进喜带着队伍去找油，竟然遇到了一件平常但又难以接受的事。房东赵大娘家用不起煤油灯，为了给王进喜补棉衣点灯，赵大娘和赵大爷还吵架了。王进喜心里很不是滋味。在井场现场，王进喜一手抱着棉工服，一手端着煤油灯，动情地说，“同志们，国家缺油，让赵大娘一家作这么大的难，我们这些打井拿油的还有什么脸见人。”

王队长接着说，“现在内有自然灾害，外有大国卡脖子，国家正处于困难时期。我是想好了，宁可少活20年，拼了命也要拿下大油田。我想在座的党员、支委、司钻都会有这个思想准备。”就是在天寒地冻之时，一座座高高的钻塔耸立云端，王进喜并排站立，在当地人的心里——王进喜就是一个“铁人”！自此，“铁人”和王进喜的名字联系在一起，成为时代的标志，成为全国人民学习的榜样。

再小的个子，也能给油田留下长长的身影；再小的人物，也能让历史发出重重的叹息。

在中华人民共和国成立初期，法国作家西蒙娜·德·波伏瓦应邀来访华。在她的《长征·中国纪行》一书中这样描述中国：“今天的中国仍那么贫穷。”“然而，中国具有潜在的财富，它拥有大量尚未开发的自然资源，85%的土地没有耕作，其中包括比法国大三倍的富饶的新疆。中国的地下拥有大量的煤炭、石油和铁，只是，不能用锄头来开荒，用镐头来挖矿。”这就是真实的中国。一旦有了必要的设备和能源，神州处处都会有无限的可能。波伏娃希望她的《长征·中国纪行》做时代的忠实记录。因为“中国现在发生的故事太激动人心了，各个阶段都值得记录下来”。

1959年，东北传来一个振奋人心的好消息：大庆油田诞生了！1960年春，王进喜率领1205钻井队从玉门出发东征大庆。在冰封雪裹的松辽大地，“井涌”异常现象如果得不到及时制止，有可能井喷。在各类设备奇缺，特别是现场没有搅拌设备的情况下，为了加大泥浆比重，王进喜竟然带头跳进泥浆池，挥动双臂搅拌泥浆，搏斗了32个小时，直到警报解除。等到爬出泥浆池时，衣服上糊满一层厚厚的泥浆，如同盔甲一般。4月东北大地水犹寒，泥浆的碱性大，皮肤灼痛，王进喜从此患上严重的风湿性关节炎。同志们劝他休息，他发火了，“眼看油井快出油了，井队上事情那样多，叫我咋能够躺下来休息。我就是爬也要爬到井上”。

王进喜的“三次流泪”

新中国刚成立时，国家极其贫穷落后，原油奇缺。西方发达国家和苏联的专家认为中国是贫油国家，没有大油田。中国地质科学家李四光经过研究打破了“贫油论”，按照他独创的石油地质理论进行勘探而发现了大油田。所以，我们完全能够设身处地地想象到广大石油职工以国家利益为重、急国家所急的强烈心愿和紧迫心情，能够理解为国分忧、为民族争气、打一场石油工业翻身仗的强大决心。

王进喜的47年之中流泪的次数屈指可数，即使在地主把他全家赶出了两间破草房流落街头时都没有流一滴眼泪，是个不折不扣的硬汉子。一次是他从钻井队赶回家，希望能在父亲临终之前见上一面，没有想到留下了一生的遗憾，父亲撒手西去。他内疚自责，流出悲痛的泪水。再一次是幸福的泪水，在他参加全国群英会紧紧握着毛主席温暖有力的大手，得到毛主席、周总理等中央领导亲切问候时，淌下了眼泪。

还有一次是痛苦的泪水，也是历史发展长河中不可避免的个人遭遇。王进喜从玉门刚回大庆，本想撸起袖子加油干，没有想到在“文化大革命”的冲击之下，生产陷于停顿，工地一片萧条。“四人帮”趁机兴风作浪，破坏“抓革命、促生产”，“造反派”给他一把扫帚让他去打扫厕所。这个石油汉子禁不住泪如雨下，有为民族复兴、国家兴衰的担忧，也有个人际遇、事业发展的忧愁。他是在为中国石油的发展前途落泪，为中国之命运落泪。在新旧的强烈对比下，王进喜经过教育，加深了对党的认识，认识到只有共产党才能使农民、工人过上幸福的生活。1956年4月，王进喜加入中国共产党。他在《入党志愿书》中这样写道："我为了给人民给祖国贡献更大的力量，所以要求加入光荣的中国共产党。"

井场就是战场，岗位就是阵地。由于长时间的超强度工作，王进喜患了严重的胃病和关节炎。1970年11月15日，只有47岁的"铁人"王进喜终因积劳成疾，被病魔夺去了生命。周恩来赶到解放军301医院病房的时候，王铁人已于8分钟前停止了呼吸。周总理俯下身子深情地望着铁人，悲痛地说："我来晚了，我来晚了！""铁人呀，你怎么瘦成这个样子？""太可惜了，太可惜了！"

大庆油田的王"铁人"

1949年10月，新中国成立后就揭开了中国石油工业的新篇章。石油被喻为"黑色的金子"，是"工业的血液"，缺少了石油就等于"贫血"。有一件事让王进喜记住一辈子。1959年王进喜去北京参加国家十周年观礼和群英大会，看到有的汽车背了大包，旁边的人告诉他："因为我们缺少汽油，公共汽车得烧自己背的煤气啊。"他后来说，"北京汽车上的煤气包，把我压醒了，真真切切地感到国家的压力、民族的压力，'呼'地一下都落在自己的肩上"。

这就是强烈的责任感、使命感，更是石油人高度主人翁思想的体现。大庆，南北长约100公里，东西宽约30公里。在石油大会战的荒原上，他大声呼喊："看，这儿就是大油田，这回咱们可掉进大油海里了！""把石油落后的帽子扔到太平洋里去！"

王进喜和1205钻井工人们的英雄行为深深地感染了当地老百姓。房东赵大娘就说："人是铁，饭是钢，就是铁人这样也不行啊！

你们王队长可真是个铁人哪！”大会战第一个标兵“王铁人”就此闻名遐迩。到了1960年4月29日万人誓师大会，王进喜郑重宣誓：“宁可少活二十年，也要拿下大油田！”

大庆油田的诞生，使中国石油工业从此走进了历史的新纪元。

在极端困难的条件下艰苦奋斗，从1960年苏联撤走专家，5年工夫石油年产量由97万吨跳到1060万吨。大庆石油会战打了一个漂亮的政治仗、志气仗、经济仗和科学技术仗。大庆石油会战的胜利使帝国主义在经济上封锁中国的企图遭到了失败；中国依赖“洋油”的时代一去不复返了。在王进喜、马德仁、段兴枝、薛国邦、朱洪昌等“五面红旗”先进典型的感召下，披荆斩棘、鞠躬尽瘁，到了1963年底，大庆油田累计生产原油1155万吨。1963年12月4日，周恩来向世界宣告：我国“现在是在数量上或者在品种上，都已经基本自给了！”1976年，大庆油田原油产量首次突破5000万吨大关，进入世界特大型油田行列。1978年，全国原油年总产量突破1亿吨，从此进入世界产油大国行列。到了2006年4月，大庆钻井队甚至走出国门，用了17天就打完了第一口油井，把铁人旗帜高高举起，在苏丹大地上铸就了一座座丰碑。

在工业大发展的年代里，凝练成大庆经验、大庆精神，以王进喜为代表的石油工人更是大庆精神的人格体现。石油工人激情满怀、发出的豪迈誓言得到毛泽东的称赞。1964年，毛泽东特地和美国记者埃德加·斯诺介绍，“我国东北新开发的大油田，有一个油井工人说‘石油工人一声吼，地球也要抖三抖’。”

习近平总书记指出，大庆是全国的标杆和旗帜，大庆精神、铁人精神激励了几代人。大庆精神是具体的、鲜活的、前进的，它深深植根于大庆油田的沃土之中，铸就石油之魂、练就为民之魂，从松辽大地走来影响全国各条战线，时隔60年依然绽放光彩，这一最可宝贵的文化基因、最为牢固的价值纽带始终充盈着时代气息和现实指导意义，贯穿于中华民族伟大复兴的全过程。

1971：重返联合国的艰难之旅

1971年10月25日，第26届联合国大会通过阿尔巴尼亚、阿尔及利亚等23个国家提出的“恢复中华人民共和国在联合国中的合法权利”议案。新中国重返联合国的惊喜时刻，令全世界为之瞩目，闪烁的灯光、雷鸣般的掌声，乔冠华爽朗的笑声，以及老布什尴尬的一分半钟发言欢迎中国代表团，一切激动人心的故事都被悉心收藏进新中国迈出国际“大考”坚实一步的辉煌过往，让人不时回味。

特别是这一刻来得如此意外，以至于联合国竟然没有准备好中华人民共和国国旗；这一刻来得如此让人惊喜，这是非洲黑人兄弟把我们抬进去的，成为1971年两大胜利之一；这一刻来得如此让人激动，智利代表的诗句、匈牙利代表团副团长的中文欢迎词，台湾国民党集团代表的灰溜溜退场，都充分表明，“任何力量都阻挡不了伟大中国的前进”！

联合国总部前院的第23根旗杆

1949年10月，中华人民共和国宣告成立了，中央人民政府却没有接到联合国的入场券。虽然发过几次声明，要求联合国把台湾国民党当局的代表从安理会开除出去，但没有得到联合国答复。中国的方针，按毛泽东的说法是三句话：天天都要叫；不用着急；做工作、交朋友。毛泽东多次说过，联合国，我们总有一天可以进去。世界不能始终让美、苏两国霸占下去，中国人在世界上说话也得算数。

有些人对中国进入联合国大会不抱积极态度，毛泽东指出：“看问题不要只看表面现象，要看实质”。实质是什么？在美苏霸权的世界秩序内，多极化发展是势头，特别是在联合国投票过程中的游戏规则更是强调一国一票。“我们就算有十亿人口，在联合国也只是一张票，一个小国也是一张票，我奉劝你不要看不起小国。”25日晚，联合国会议大厅里的电子统计牌显示76票赞成、35票反对、11票弃权，以压倒性多数通过提案，用毛泽东的话来说，主要是第三世界兄弟把我们抬进去的。

这一个“抬”字雷霆万钧，说明中华人民共和国成立22年来不屈不挠的斗争终于取得了胜利，说明“得道者多助，失道者寡助”的人间正道。

毛泽东、周恩来领导外交部为争取重返联合国坚持不懈地斗争了20多年，终于突破反对力量阵线，驱逐了台湾势力，终于使支持中国的票数由1950年的10票上升到1971年的76票。这些票数都是一点点积累的，源于新中国在国际事务中的话语权日益重要，源于新中国秉持“和平共处五项原则”的成功实践。

1971年11月1日，代表中华人民共和国的五星红旗第一次在纽约联合国大厦广场升起，作为重返而不是重新加入的中国政府，政权更迭、国名更换、代表更迭均按照惯例进行。10月31日上午，中国外交部代部长姬鹏飞的电报到了联合国秘书长手中：“我收到了你1971年10月29日的来电。我荣幸地通知你：关于中华人民共和国的名字的按字母次序排列问题，请按开始的英文字母C排列，即CHINA，PEOPLE’S REPUBLIC OF. 顺致最崇高的敬意。”

131根旗杆中的一根，整整空了一周之后终于迎来了恰当方位。自北端起的第23根旗杆上，五星红旗冉冉升起，飘扬在智利国旗和哥伦比亚国旗之间。联合国大会主席马利克称为“历史性的时期”。

“不穿军装的解放军”

在联合国大会通过提案的第二天，外交部代部长姬鹏飞就收到联合国秘书长吴丹发来的电文，告知25日联大通过的决议内容。此时，正是“九一三事件”发生一个多月以后，对毛泽东来说，这个消息让他感到格外欣慰。

当时，中美乒乓外交之后，中美关系有了破冰发展。1971年4月10日上午，美国乒乓球队穿越深圳罗湖桥，正式踏上了中华人民共和国的土地。但外交部党组经过讨论，一开始形成了一个不派代表团去参加联大会议的决定。毛泽东却持有相反意见。毛泽东说，联合国秘书长不是来电报了吗？我们就派代表团去。让乔老爷（指乔冠华）当团长，熊向晖当代表，开完会就回来，还要接待尼克松嘛。

国际新闻界对乔冠华并不陌生。1951年，乔冠华和伍修权代表中国参加联大会议，去控告美国侵略罪行，并且坚决反击了美国强加于中国的所谓“侵略”罪名。

从历史来看，这么多国家为中国恢复席位而联合提名，这在联合国历史上也是罕见的，足见中国在国际上的“朋友圈”之广。这个著名的2758号决议是第三世界团结一致的伟大胜利，是历史潮流推动中国重返联合国的舞台，也是新中国外交战略持续用力数十年书写的光辉篇章。

11月8日晚上8时，毛泽东约见周恩来、姬鹏飞、乔冠华等人。毛泽东站在书房门前，同大家一一握手，高兴地端详着每一张出征将士的脸。同志们被毛泽东的情绪感染了，显得十分激动，有的流下了激动的眼泪。周恩来后来对乔冠华说，“临事而惧是好的。临事而惧就不会掉以轻心”。他倡导要向一切懂得联合国的人学习，包括向我们的对手学习。

11月9日，代表团正式踏上奔赴联合国的旅程。按照毛泽东的指示，周恩来带领全体政治局委员到机场送行，4000多人的欢送仪式是超规格的举动。周恩来情绪高，精神舒畅。他说：“我们欢送解放军上战场，他们是不穿军装的解放军，要上前线去了！”

作为代表团的成员之一，赵维后来回忆道，刚到联合国后第一个最大的感受，就是新中国在国际上的良好形象、政治主张深入人心。不论是下榻酒店对面窗户上写着的欢迎标语，还是联合国大厦保安给予的方便，都说明世界对中国的好奇、厚待，从另一个角度也肯定了中国日益崛起的国际地位。

乔冠华的笑声

不少代表都说，“中国恢复在联合国的合法席位，这是一件伟大的事。因为缺少了中华人民共和国的联合国，就不是一个完整的联合国”。所以第三世界对于我们重返联合国非常兴奋。10月25日表决通过时，许多支持中国的非洲国家代表鼓掌欢呼起来，掌声足足响了两分钟，深受坦赞铁路之惠的坦桑尼亚外长竟然在会场上跳起舞来。

在欢迎大会上，由于报名发言的国家太多，最后整整搞了3天，相当于开了3次空前绝后的欢迎会，轰动至极。现在我们能在当初的照片中看到，乔冠华有一张哈哈大笑的照片，是被记者抓拍的，尽显大国风范。当时有一位记者问他，“乔团长，你能不能讲讲你现在的心情？”乔冠华仰天长笑，这一种自豪、自信的笑声感染了在场的每一个人。一名摄影记者及时抓拍了笑声中的乔冠华。后来，他还对一个记者开玩笑，大呼“Free picture”！

11月15日，乔冠华代表中国在联合国第一次发言，向全世界阐述中国的外交政策，而不是21年前的控诉。这一篇发言稿，内容很充实，既要算账，对美、日点名；又要讲联合国成立以来世界局势的变化，还要讲中国政府对国际问题的基本态度。用毛泽东的话来形容，“总而言之，要旗帜鲜明，高屋建瓴，势如破竹”。

这次发言是不折不扣的联合国历史上最重要的演说之一，发言稿都经过周恩来仔细审过，演讲引起了强烈反响，并很快传播到世界各个角落。其中，乔冠华所阐述的主张，也是中国后来在联合国各项工作中一贯坚持的原则和立场。那一天，几十个国家的代表排着长队向中国祝贺。来自美国各地的爱国华侨，一边握手祝贺一边说，等了你们多少年了，现在你们终于来了，今天我们要听听亲人的讲话。

中国人对于大同社会的美好理想，对于人类命运共同体的伟大构想，就此启航！

拥抱“科学的春天”

“文化大革命”结束之后，百业待兴、百业待发！

四个现代化，关键是科学技术的现代化。为了解放思想、把大家的积极性调动起来，1978年3月18日，中央在北京隆重召开全国科学大会，参会代表5000余人。在大会开幕式上，当宣布大会开始奏国歌时，许多人热泪盈眶。邓小平代表中央发表重要讲话。其中两句话对全党全国的震动很大，一句是“中国的知识分子已经成为工人阶级的一部分”，这句温暖的话让很多刚从牛棚里解放出来的科技工作者泪流满面；再一句就是“科学技术是生产力，这是马克思主义历来的观点”。

这次大会是“我国科学史上空前的盛会”，对此，邓小平给予了充分肯定。

中国科学院院长郭沫若在书面讲话《科学的春天》中放声讴歌：“让我们张开双臂，热烈地拥抱这个春天吧！”在科学的春风里，一切都在积极孕育、复苏，“尊重知识、尊重人才”蔚然成风，华罗庚、陈景润、杨乐、张广厚等科学家家喻户晓，科技创新、战略抉择、体制机制的重组重构甚至成为推进改革和开放的一个重要突破口。

60年代的“脱帽加冕”

对科技的认识，对知识分子的判断，从中华人民共和国成立以来就是一个与党和国家命运休戚相关的重要命题。每一次的肯定、否定都伴随着时代浪遏、起起落落，令人唏嘘不已，又壮怀激烈。

从鸦片战争打开国门，围绕救亡图存的主题，激励一代又一代的中国人“乘桴浮于海”，“经过千辛万苦，向西方国家寻找真理”，希望能借他山之石救中国，演绎一曲救亡旋律中最为动人心魄的壮歌。中国共产党人的留学生群体，可以追溯到十月革命前，在世界潮流与中国社会发展的碰撞之下，在科技主义浪潮洗礼下诞生了，后来成为中国革命弄潮儿。他们以开阔的眼光去观察日本、欧美、苏俄，接触和信仰马克思主义，这种来自不同文化背景的群体互动，使得他们的判断、分析和融合呈现出对科技伟大力量的领悟，同时这种判断不再是拘泥于一国之得失、一时之兴衰，更多的是对世界政治经济的演进有了较为透彻的把握和理解。

中华人民共和国成立初期，周恩来较早地提出科教兴国的战略构想。他对科技有着独特见解。他以惊人的观察力指出：现代科学技术正在一日千里地突飞猛进，人类面临着一个新的科学技术和迅速的进步，这些进步把我们抛在科学发展的后面很远。他指出，科学是关系我们的国防、经济和文化各方面的决定性因素，为此他提出要依靠知识分子的正确政策。1956年，周恩来在中央关于知识分子问题会议的报告中指出：知识分子的绝大部分“已经成为国家工作人员，已经为社会主义服务，已经是工人阶级的一部分”。在1962年广州会议和二届三次人大会议上，周恩来又提出知识分子中的绝大多数“是属于劳动人民知识分子”，陈毅还提出要为知识分子“脱帽加冕”。这一远见卓识，恰恰就是一种不畏浮云遮望眼的世界眼光、广阔襟怀的生动体现，但这次“脱帽加冕”并不彻底。

在把政治思想革命提到第一位的年代里，知识分子的命运多蹇，尤其在“文化大革命”中，“四人帮”更是把知识分子踩在脚下，把科学技术的作用贬低到了极其荒谬的程度。

邓小平是具有世界政治眼光和科技眼光的领导人，这一点与他早年出国留学、访问关系密切。在“文化大革命”中，周恩来、邓小平关于引进外国先进技术的正确观点受到围攻。邓小平说，他出国时就乘坐法国五万吨邮轮，时隔50多年，他意在批评“四人帮”坐井观天、自我封闭、自我吹捧。一起在法国勤工俭学的李富春，青年时代在西方现代化工业社会生活的经历，使他对现代工业的了解比许多人要深刻得多。正是由于这些具备知识结构新颖、视野开阔、开放意识强等特点的共产党人有效克服了中国革命历史条件所带来的局限性问题，中华民族伟大复兴的步履才得以更稳更远。

“科学的春天是怎样到来的”

百工不废，薪火相传。

1978年3月18日下午，全国科学大会在人民大会堂隆重开幕。开幕式上，邓小平作了重要讲话，第一，关于对科学是生产力的认识问题。第二，关于建设又红又专的科技队伍问题。第三，在科学技术部门中怎样实现党委领导下的分工负责制。时任国务院副总理方毅作了重要报告，表明了向现代化进军的雄心壮志。这次由中共中央召开的科学大会不是一个简单的事件，而是一场向科学技术现代化进军的全民运动。

一是理论伟力初显，彻底解除精神枷锁。十年浩劫给中国的经济建设和科学技术事业造成了极大的摧残，“臭老九”“白专”的紧箍咒不除，广大科学技术工作者的积极性就会受到极大的挫伤，从而使我国科学技术“同世界先进水平本来正在缩小的差距又拉大了”。为了拨乱反正，必须首先砸烂套在广大知识分子身上的精神枷锁。邓小平宣布：“‘四人帮’肆意摧残科学事业、迫害知识分子的那种情景，一去不复返了。”5586名代表莫不欢欣鼓舞。最年轻的是只有21岁的北京军区装甲兵通信处技师王向荣，年纪最高的是90岁的广东特邀代表何杰。中国科学院学部委员、沈阳金属所所长、研究员李薰认为，邓小平的讲话说出了自己多年心里想说而不敢说也说不清楚的话，他说，“四人帮”鼓吹科学技术是上层建筑，就是为了制造思想混乱，迫害知识分子。中国科学院学部委员、上海生理研究所研究员、上海分院副院长冯德培说，明确了科学技术是生产力，理论联系实际的问题就从根本上解决了。

杂交水稻专家袁隆平说："'四人帮'说我走白专道路，受到他们的批判，弄得我不能理直气壮工作。邓副主席的讲话，砸碎了我的精神枷锁，回去以后，我一定要在杂交水稻研究中做出新成绩。"这是对知识分子最彻底的一次"脱帽加冕"，自此，知识分子顺利成长、优秀人才脱颖而出的喜人态势初具雏形。

42年，时间勾勒的年轮历历在目，精神铸就的航道也清晰可见。在《邓小平文选》中，人们会发现改革开放初期邓小平频频接见、会见外国科学家，以此来推动中国科技发展、开启中外科技交流的国门。1977年8月17日，邓小平会见了美籍物理学家、诺贝尔奖获得者丁肇中教授。双方商定派遣中国物理学家到丁肇中领导的德国汉堡的实验组工作，为中国培养高能物理人才。这是中国科技对外开放的一个重要里程碑。

二是思想解放，为知识分子"脱帽加冕"。邓小平在讲话中阐述科学技术是生产力，知识分子也是劳动者，并提出了"又红又专"的新标准。他说："总的说来，他们的绝大多数已经是工人阶级和劳动人民自己的知识分子，因此也可以说，已经是工人阶级自己的一部分。"这两个论断为科技工作者在政治上平反，他们如沐春风。时任中科院政策研究室主任吴明瑜于2018年回忆道，在广播中听到邓小平讲话时感受到的解放感，现在还印象深刻。

动物学家陈世骧曾参加过1956年最高国务会议讨论农业发展纲要，他激动地说："今天——我们科学界的春天又回来了，我永远不会忘记这个日子！”华南农学院副院长李沛文说，前两年我去图书馆看书，总要带一本《红旗》杂志。别人走远了我才看外文书。北京航空学院副院长沈元，是陈景润中学时的数学老师，他们之间已经有20多年没有见面了。师生在科学大会上相见后，心情格外激动。方毅在总结信中说他们“普遍感到思想上来了一个大解放，‘余悸’打消了”。

在邓小平心中，中国要发展离开科学不行。但关于科技的重要性认识，并不是一下子取得的。一个政治家的任务就是要认真思考正在发生的变化和制定符合这种变化的路线。在改革开放之前我国解决了基本的生存安全问题，比较自豪的就是在十年浩劫之后，在正确路线指引下，我们用大约40年的光阴做到了科技总体上不再落后。

三是理论创新，科技是生产力。科学技术既然是生产力，从事科学技术的人当然就是劳动者，而不是资产阶级知识分子。100多年前，马克思提出“生产力中也包括科学”。邓小平在科学大会上指出“生产力中也包括科学”，“现代科学为生产技术的进步，开辟道路，决定它的发展方向”，“一系列新兴的工业，都是建立在新兴科学基础上的”。科学技术作为生产力，越来越显示出巨大的作用。在这里，科学技术已经不只是生产力的要素之一，更是生产力发展的基础。

当年邓小平自告奋勇抓科学、教育，身体力行，“愿意当大家的后勤部长”，告诫大家“不抓科学、教育，四个现代化就没有希望，就成为一句空话”。比如，1980年，他得知“青藏高原国际科学年会”的中外专家受到泥石流的围困时，特派飞机救援；1984年，他为北京正负对撞机工程奠基。通过10年的观察思考，1988年，邓小平正式提出“科技是第一生产力”的论断。

历史聚光灯下的科技发展，越来越成为焦点。

大会期间，北京市新华书店和外文书店设在各驻地的售书处最受代表欢迎。大会召开后，中国社会出现了从未有过的崇尚科学的风气，特别是随着“哥德巴赫猜想”轰动全国，陈景润勇攀数学高峰的形象成为全国家喻户晓的科学英雄，青少年努力学习科学技术文化知识蔚然成风，为中国改革开放后的经济发展插上了腾飞的翅膀。

新时代的科技创新

科技进步是全党全国的期待，也是实现思想解放的先声。在当时的条件下，抓住了科技问题，就是抓住了1975年整顿的关键。通过宣传发动、组织动员、全民参与，凝聚党心、民心、军心，一改“文化大革命”发动以来的“以本为本”“抓阶级斗争一抓就灵”的局面，牵一发而动全身。实践证明，党的思想路线的拨乱反正，开启了一次伟大的思想解放运动，成为整个拨乱反正的先导，也成为整个改革开放的先导。

时势造英雄，真英雄也定不负时代。

复旦大学苏步青教授提到，必须打破常规，不拘一格选拔人才。例如，上海的一名13岁小学生自学微积分已经达到研究生的水平，过去由于把学生家属的政治问题看得过重，没有录取。后来中国科学院同志来上海审查后决定予以录取。两相比较，说明当时解放思想还不够。

千峰竞秀，万象更新。截至2019年，中国公路总里程已达484.65万公里、高速公路达14.26万公里、中国高铁3.5万公里，雄踞世界第一。这一速度环顾宇内、顾盼自雄。从海南环岛高铁到哈大线路冰天雪地的黄金线路，从沿海城市到西部边陲……钢铁长龙跨江跨海，所有的弯道超车、抢抓机遇，都为我们做了新时代最好的注解。

长虹垂地若篆字，晴岫插天如画屏。在伟大的征程中，我们任重道远，面对着全球化浪潮和逆全球化浪潮的双重冲击，退群和民粹主义的泛滥，中国独立解决自己的问题已经是无可争议的大势所趋、时代潮流。我们奋进，不只是为了向贫穷宣战、是为公平正义而竭力，更是为了找寻信仰的充实、安居乐业的平实和获得感、安全感、幸福感。卫星、飞船、航母、高铁、工业装备、通信、航天技术、深海探测与开发——这些原本在梦想中的技术，随着九天揽月、五洋捉鳖，都已化拳为掌，成为“共和国加速”的先决条件。

叶剑英为科学大会写的五绝诗《攻关》一直被人传颂：“攻城不怕坚，攻书莫畏难。科学有险阻，苦战能过关。”时间勾勒的年轮历历在目，精神铸就的航道也清晰可见。再譬如，航天事业的发展也是一个有力的案例。有人说，如果将“东方红一号”升空算作起点，将航天在这之后中国50年压缩成50分钟，那一定是一部高潮迭起的大片。1988年，风云一号A星发射，拉开中国气象卫星系列的大幕；2003年10月15日，神舟五号顺利升空，中国航天员首次叩访太空；2007年10月24日，“嫦娥一号”准确入轨，千年奔月梦圆；2016年11月3日，长征五号运载火箭成功首飞……在几十年的接续奋斗中，中国航天人走出了一条自力更生、自主创新的发展道路，取得了从无到有、从弱到强举世瞩目的巨大成就。

42年前的大会，带给中国的不只是欣欣向荣的春天。这种科学理念如乳虎啸谷，愈益彰显威力；如红日东升，愈益泽惠国人。

“热眼”向洋看世界

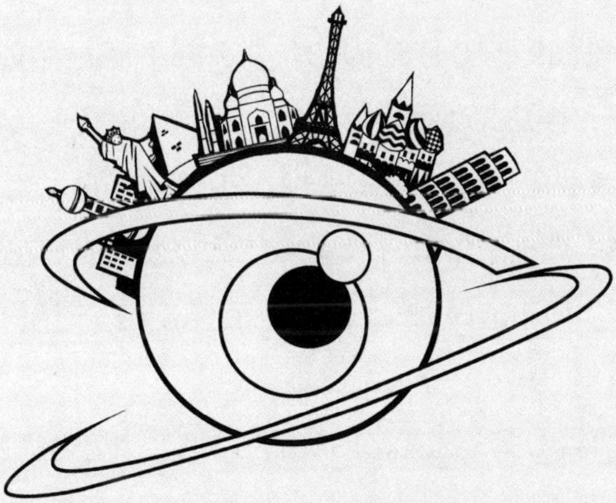

1979年1月，邓小平被美国《时代》周刊评为1978年度世界风云人物。序言中说：“一个崭新中国的梦想者——邓小平向世界打开了‘中央之国’的大门。这是人类历史上气势恢宏、绝无仅有的壮举！”

国门是一点点打开的。我们现在所熟知的每一步进取都付出巨大代价。在包围中突围，在逼近中前进，这就是最大的时代特征。

1976年10月，秋雨中的长安街，两个年轻人大声呼喊“邓小平，你在哪里”，人们唱起了愈渐高亢的国歌——回望电视剧《历史转折中的邓小平》中的人们的深切思念，我们对改革开放的抉择又有了更加深入的思考。

瞬间已化作永恒，历史与现实在此交会，时光继续赋予大地勃勃生机。

“小平小道”的红色基因

1969年10月到1973年初，邓小平夫妇被送到新建县拖拉机修配厂，接受劳动锻炼再教育。从住地南昌步兵学校出发前往厂里大约1.5公里，用时40多分钟。2014年盛夏，我去江西瞻仰的“小平小道”就是当年车间40多名工人以及厂领导花了一天时间修整出来的。当时小道周围绿意盎然，百草茂盛。时隔40多年，一切都保留着当年的样子，让人唏嘘不已。

冷静总结经验。1986年12月，邓小平在会见贝宁总统时说：“‘文化大革命’中我被打倒两次，这种经历并不都是坏事，使我有机会冷静地总结经验。因为有了那段经历，我们才有可能提现行的一系列政策，特别是提出怎样建设社会主义的问题。”邓小平在拖拉机修配厂待了3年零4个月，每天踱步反思着“文化大革命”，思考着中国人民的命运，思考着中国的发展之路，这里被视为小平同志蛰伏待起之地、改革开放思想孕育之地。

前瞻开放交流。邓小平挺立时代潮头，以敏锐的目光注视中国前景，分析判断共和国的走向。他在瑞金考察时尖锐地指出：“和西方国家比起来，我们最少落后四十年，还需要努力。”有了几十年前的法国勤工俭学经历，邓小平对中国落后的生产力有了切肤之痛。邓小平通过短波电台了解到世界各国的经济发展情况，也意识到加强对外交流、引进技术设备的重要性。他多次强调要实现四个现代化，就要善于学习，大量取得国际上的帮助。通过考察日本、美国、新加坡，大量的低息、免息资金得以进入我国。

1973年他接到中央的回京通知，感慨地说：“我还可以干20年”。1989年5月31日，邓小平在同两位中央负责同志谈话时谈及对我们第三代领导人最根本的要求就是眼界要非常宽阔，胸襟要非常宽阔。要从大局看问题，放眼世界，放眼未来，也放眼当前，放眼一切方面。从这一点看“小平小道”，着眼未来的意义非凡。邓小平夫人卓琳说，从“小平小道”上延伸出去的，是一条通往国家富强、人民幸福的中国特色社会主义康庄大道。

谷牧的西欧五国行

“文化大革命”结束后，党中央、国务院在研究工作过程中决定派一些领导干部出国实地考察，了解和借鉴国外经验，加快社会主义现代化建设。

未承想，这个决定大大地促进了历史进程。

1978年5月，谷牧副总理率领代表团在36天行程里考察了法国、联邦德国、瑞士、丹麦、比利时。这是中华人民共和国成立以来我国向西方国家派出的第一个由国家领导人担任团长的政府经济代表团。

时任水利电力部部长、党组书记钱正英回忆说，出发前，谷牧大体给我们说了一下，第一次派这么一个高级团到国外去，“因为过去好多年都是封闭的，我们要深入了解国外的现代化建设的情况。谷牧同志带队是身负重任的。”情况确实如此。出访前，邓小平曾找谷牧谈了一次交底的话。谷牧后来回忆说：“对外开放，其实小平早就想明白了，只是当时他还不便出来说。我明白他的意思，这个工作要由我来做。”

在高规格的接待中，考察团深入25个城市、参观了80多个港口、矿山、农场、大学等，甚至到市民家中做客。当他们看到战后30年的联邦德国普遍实现了电气化和自动化，代表团的同志们都震惊了。通过纪录片了解到战后他们一片废墟，许多老百姓没地方住、没食物吃，饥寒交迫。经过几十年拼搏，他们如此先进、繁荣。反观之，考察人员深感自身落后，亟须发展之必要。

总慵开眼，笑话不少。当时外交部礼宾司司长说国外旅馆一楼的玻璃门要注意，你感觉不到那里有个门，结果就会一撞撞到玻璃上。后来就是这个司长从外边着急招呼人，一碰碰上了玻璃门，把眼镜都碰碎了。

这如同“铁屋”突然开窗透气，难免会引起诸多惊讶、惊喜，也有责难。

6月30日，中央政治局召开会议，专门听取谷牧作出访西欧五国的汇报。根据谷牧回忆，会议开的时间很长，从下午3点半一直开到晚上11点，华国锋、叶剑英、李先念等党中央、国务院领导同志出席会议。谷牧通过自身考察经历，介绍了西欧科技革命的新变化；西欧国家由于资金过剩、技术要找市场，商品要找销售，因此，对与我国发展经济关系很感兴趣；还介绍了在发展对外经济关系，我国可以采用的国际通行做法。任何一个发展快的国家，都是利用他人之长，补自己之短，都要开放。到了这次会议，不少领导同志感慨地说，只有谷牧把西方资本主义国家的情况，以及我们应采取的改革开放措施讲清楚了。老帅们夸赞他敢讲真话。聂荣臻说："过去我们对西方的宣传有片面和虚伪之处，这反过来又束缚了我们自己。"据于光远回忆，姚依林曾引用列宁的一句话"在狼群中要学会狼叫"，说明要了解资本主义，要善于和他们打交道，对与会者很有说服力。这些真知灼见和随后的关于加速四化建设务虚会会议成果，一点点地推开了国门。

不同文明的交流碰撞让人"惊讶"。新兴市场国家和西欧快速增长的市场需求崛起势不可当，成为当代国际关系中意义最为深远的变化之一，幸运的是我们前辈及时捕捉到这一变化。说实话，日本、联邦德国战后快速复兴给我们的刺激很大，就连"上帝只给了太阳和水"的瑞士，也能跻身发达国家之列更让我们看到自己奋起的希望。

这次考察更大的是观念冲击、思想解放。

经济全球化面前何去何从，取决于两种主张、两种力量的博弈和较量，中国的未来也蕴含在于其结果之中。改革开放以前的宣传是，西方人民处于水深火热之中，资本主义已经日薄西山。在有些人看来，搞开放、搞特区、政府间往来就是离经叛道。

解放思想绝不是一件轻而易举的事，当时正处于一个发展的非常关键的时期。随谷牧一起访问西欧的杨波回忆说："对我个人来说，可以说是开了眼界，增加了许多新知识，了解了很多新情况，也改变了过去的某些观点。"

当年迈出的每一步都不容易。1980年初，中方突然单方面中止和日本此前签订的200多亿美元项目。一时间国际上议论纷纷。在这个极端困难情况下，经过知名人士出面解释，日本许多企业才接受了这是中国困难时期迫不得已的抉择。1977年7月国家计委报告提出10项政策措施，其中第一条是整顿企业，第二条就是引进新技术，提出要“在五年到八年的时间内，把我们急需的国外先进技术拿到手”。

“备豫不虞，为国常道。”邓小平在访问朝鲜时同金日成说：“最近我们的同志出去看了一下，越看越感到我们落后，什么叫现代化？五十年代一个样，六十年代不一样了，七十年代就更不一样了。”1978年10月，邓小平会见联邦德国新闻代表团时畅谈我国要采取开放政策。他指出，我们过去有一段时间，向国外学习先进的科学技术被叫作“崇洋媚外”。现在大家明白了，这是一种蠢话。关起门来，固步自封，夜郎自大，是发达不起来的。这些观点话语和随后的党的十一届三中全会决策，成为新一轮发展的新起点，深深地影响着共和国的航道走向，成为中国正确处理国际政治经济关系的伟大转折点。

“我懂得什么是现代化了！”

一直以来，总有人在问，“中国共产党为什么行”，正是因为共产党具备创新活力和强烈的发展理念，共产党人始终挺立时代潮头。

1978年10月22日至29日，邓小平正式访问日本。在参观日本现代化工厂时，邓小平感慨地说：“我懂得什么是现代化了！”他把乘坐新干线列车时的体验称为“有人催着跑的意思”。他对松下幸之助说，日本企业值得我们学习的东西很多。日本新闻界则称邓小平访日在日本掀起了“邓小平旋风”。

1978年11月12日，邓小平抵达新加坡，进行为期两天的正式访问。后来，邓小平在谈到中国的改革开放时，多次说到要借鉴“新加坡的经验”。邓小平在改革开放前夕出访考察时，除美日外，就选了新加坡。14年后，邓小平依然对新加坡赞许有加，新加坡的社会秩序算是好的，他们管得严，我们应当借鉴他们的经验，而且比他们管得更好。李光耀多次高度评价邓小平的治国理念。参观过新加坡国立大学的游客，会在李光耀公共政策学院大楼二层墙上读到一条英文语录，中文意思是，“不管白猫、黑猫，只要捉住老鼠就是好猫——邓小平”。历史往往峰回路转，这些古老传统文化的精髓伴随着政治家的交往，贯穿岁月、融入血脉，脉脉相通。

刚刚建交的中美深刻改变了世界地缘政治面貌，是人类文明史上的大事。1979年1月29日，美国白宫南草坪上首次并排升起五星红旗和星条旗，美国总统卡特为中国的贵宾——邓小平副总理举行欢迎仪式。这是一个极不平凡的历史时刻。

沧海横流，方显英雄本色。整整九天，一场关乎承诺的家宴，一位神秘老人的出现，一个让美国人泪流满面的举动，西部牛仔难忘的夜晚，邓小平访美之行的惊喜不断展开。访美期间，74岁高龄的邓小平参加了80多场活动。邓小平头戴牛仔帽、向美国公众挥手致意的友好和自信形象已定格在历史中，成为中美关系中的一个永久象征。卡特在日记中写道：“在肯尼迪中心看了一场精彩表演。表演结束后，邓（小平）和我还有他的夫人卓琳，罗莎琳和艾米走上舞台同演员见面，当他在拥抱美国演员，特别是在拥抱唱了一支中国歌曲的儿童时，确实全场激动。他吻了许多演员，报纸后来说许多观众流下了眼泪。”

在仔细认真看完生产线后，青年时期在法国雷诺汽车厂勤工俭学做过钳工的邓小平，以一个百废待兴并正在积极追寻工业现代化梦想的大国领导人姿态，当众讲了一段话，表示中国要向美国学习，努力成为一个世界工业强国。他预言20年后将见到中国汽车工业的成绩。这一份大国自豪、文化自信、发展自强让人敬佩不已。

现在，预言早已成真。

1978年9月，在总结“文化大革命”的经验和教训上，邓小平对地方领导人说：“我们太穷了，太落后了，老实说对不起人民。”高层开始酝酿结束持续多年的政治运动，致力于国家现代化目标，并为此寻找国家发展的新路子。可以说，1978年兴起的出国考察潮对改革开放决策产生了巨大助推力。邓小平的亲见亲历更强化了其发展的紧迫意识，其改革思想也在考察中逐步清晰起来。

岁月不惑，步履维艰。改革开放之初，一次次被历史铭记的握手、考察埋下滥觞的种子。

新时代的文明互鉴

从中华人民共和国成立到1978年，以自费留学名义出国的人几乎为零。公派出国亦寥若晨星。1978年12月26日，改革后的首批留学生、52名国家公派访问学者前往美国深造，拉开了留学大潮的帷幕。邓小平大力主张留学生的数量要增大。他指出：“这是5年内快见成效，提高我国水平的重要方法之一。要成千成万地派，不是只派十个八个，今年选三四千，明年派一万个人。要千方百计加快步伐，路子要越走越宽。"

到了1990年，一年已有5.6万人自费留学，蔚为壮观。特别是到了1993年，中央确定的留学方针"支持留学，鼓励回国，来去自由"中最后四个字，推动了出国热潮由微澜细波发展为沧海巨浪。不管是电视剧《北京人在纽约》还是《大撒把》，将留学留洋的酸甜苦辣淋漓尽致地呈现在世人面前，至少我们不再像以前那样观念封闭了。现有的数据是2019年我国出国留学人数为64.2万，这些出国、归国人员对推动国人观念转变、认知我国和国际差距有着很大的帮助。

新时代的潮流激荡澎湃，历史的车轮滚滚向前，从不等待一切犹豫者、观望者、懈怠者、软弱者。有一篇刷屏的文章《风雨无阻创造美好生活》获得无数点赞，其中一句金句"有风有雨是常态，风雨无阻是心态，风雨兼程是状态"更是从侧面反映了一个民族应对风险挑战的意志决心和民心民意。

当今世界正面临百年未有之大变局。

"百年未有"，彰显当今世界大发展大变革大调整的历史性、深刻性超越过往，也是提醒我们时刻把握好中国与世界关系的重要遵循。在一个亟须科技发展引擎、同时国际力量对比发生重大变化的时代，唯有沉着应战、奋勇向前才是人间正道。实践终将证明：掌握自己命运的"国运之战"必胜，驾驭风浪的发展航向必胜！

扶贫路上的当代愚公

2013年11月3日，习近平来到湖南省湘西州花垣县十八洞村考察。十八洞村是武陵山区腹地一个苗族聚居村，因有18个天然溶洞而得名。这里交通闭塞，群众生活长期徘徊在贫困线以下，是集中连片特困地区。“三沟两岔穷疙瘩，每天红薯苞谷粑。要想吃顿大米饭，除非生病有娃娃。”这首昔日的苗歌，足以概括十八洞的贫苦。就是在这里，习近平总书记首次提出“精准扶贫”，明确要求“不栽盆景，不搭风景”“不能搞特殊化，但不能没有变化”，不仅要自身实现脱贫，还要探索“可复制、可推广”的脱贫经验。

2013年，十八洞村225户939人中，有贫困户136户542人，人均纯收入1668元，仅为当年全国农民人均纯收入的18.75%。2016年，十八洞村人均纯收入达到8313元，2017年2月，十八洞村宣布成功脱贫摘帽。

这是神州大地上正在进行的脱贫攻坚战的一个缩影。

脱贫攻坚战可谓是中国历史上对贫穷发起的最广泛、最彻底、最坚定的一场战役。这场战役源自中国共产党人的人民情怀，源自对美好生活的无限向往，源自改天换日的决心。这场战役取得胜利的标准就是两条，一是给人民交账，二是给历史交账。

习近平的扶贫心路

“40多年来，我先后在中国县、市、省、中央工作，扶贫始终是我工作的一个重要内容，我花的精力最多。”在2015减贫与发展高层论坛上，习近平满怀深情地说。

“看真贫、扶真贫、真扶贫”，在习近平的扶贫方法论中，“看真贫”摆在第一位。十几岁时，习近平就在梁家河见到了极端贫困。那个年纪，正是一个人的世界观、价值观形成的重要时期。他住过破旧的窑洞，种过贫瘠的土地，吃过干瘪的饭菜。他对贫困群众有天然的感情、强烈的扶贫情怀。

习近平到正定任职时，特意从北京托运来了一辆老式的二八自行车。他经常骑自行车下乡，随走随看。在正定短短3年内，习近平骑着自行车跑遍了全县25个公社、220多个大队。可以说，这辆自行车，陪伴着他在从政生涯里一步步成长。

从地处太行山深处的河北阜平县骆驼湾村，到湘西土家族苗族自治州十八洞村；从大雪封山的云南鲁甸地震灾区，到革命老区贵州遵义花茂村。习近平总书记访真贫、看真贫，翻山越岭、风雪兼程，以不懈的脚步丈量着中国的每一寸贫困角落。习近平说，“党的十八大以来，我每年都到贫困地区考察调研，前几年去，沿途山路颠颠簸簸，进了村坑坑洼洼，晴天尘土满鞋，雨天道路泥泞，贫困户房子破破烂烂，有的家徒四壁，一些贫困群众一年也吃不上几次肉，不少孩子没有上学或中途辍学，很多人生病基本靠扛，看了心里确实很沉重。这几年，我再去一些贫困村，看到了实实在在的变化，道路平坦通畅，新房子一片连着一片，贫困群众吃穿不成问题。看到群众脸上洋溢着真诚淳朴的笑容，我心里非常高兴。”在亲历群众看来，他很随和、没有一点儿架子。老人不认识他，问“怎么称呼您？”他会自我介绍说：“我是人民的勤务员。”

1988年6月，习近平到全国18个集中连片贫困地区之一的福建宁德担任地委书记。他用不到两年时间走遍9县乡镇，下党乡“地僻人难到”，习近平是建乡以来第一个到乡里的地区领导。他喝过百姓亲手递上的清凉汤，看到过“连家船”“茅草屋”，下决心不能让老百姓再漂泊下去。习近平指出，古人尚且讲“意莫高于爱民，行莫厚于乐民”，我们共产党人看到群众生活如此困苦，更应感到寝不安席、食不甘味！后来，又到“苦瘠甲天下”的宁夏西海固考察时，他被老百姓生活的困难程度深深震撼：“我到的一户人家，那真是家徒四壁，找不到什么值钱的东西，只看到窑洞顶上吊了一根绳，拴着一捆发菜，在当时那就算比较值钱的了。”习近平嘱咐帮扶干部：“一定要静下心来，耐得住寂寞，把东部的经验带过来，把西部的精神带回去。”

国家统计局2016年初发布的数据显示，2015年我国农村贫困人口从上年的7017万人减少到5575万人，减少了1442万人，贫困发生率从上年的7.2%下降到5.7%。

2021年2月25日，全国脱贫攻坚总结表彰大会胜利召开。现行标准下9899万农村贫困人口全部脱贫，832个脱贫县全部摘帽，完成了消除绝对贫困的艰巨任务，创造了又一个彪炳史册的人间奇迹！

驻村扶贫干部的“愚公情”

我们都知道《愚公移山》讲述了愚公不畏艰难，坚持不懈地挖山，最终感动了天帝，将山挪走的故事。其中愚公所说的“子又生孙，孙又生子；子又有子，子又有孙；子子孙孙无穷匮也，而山不加增，何苦而不平”的坚韧理念不仅感动山神，更成为中华民族伟大复兴路上的一个励志故事。全国共派出25.5万个驻村工作队，累计选派290多万名县级以上干部去贫困村或软弱涣散村担任第一书记或驻村干部，他们就是当代扶贫脱贫工作的“愚公”。

2019年9月底，国务院扶贫开发领导小组办公室主任介绍，“目前，832个贫困县已脱贫摘帽436个。预计到今年底，全国95%左右现行标准的贫困人口将实现脱贫，90%以上的贫困县将实现摘帽，再经过2020年一年的努力，中华民族千百年来的绝对贫困问题将得到历史性解决。”

知是前提、基础，行是归宿、关键，要实现扶贫脱贫，由知转化为行，就要凝练共识、回望初心、团结奋斗。初心是一种理想、一种准则，贯通始末，要有始有终、善始善终，依靠定力去执行、体现。大到带队伍、治理一个国家或一个社会，小到一个人的言行举止、一支队伍的战斗力，都要做到不随波逐流、不为境转，光明磊落、坦荡无私。古今中外的成功人士，大多具备坚强的定力，并通过处变和把握自己的意志力，团结、带领更多的人一道前进。

为什么要精准扶贫？习近平形象地指出，“手榴弹炸跳蚤”是不行的。新中国成立以后，50年代剿匪，派大兵团去效果不好，那就是“手榴弹炸跳蚤”，得派《林海雪原》里的小分队去。扶贫也要精准，否则钱用不到刀刃上。驻村扶贫干部就是一个个能征善战的小分队。

陕西省米脂县杨家沟镇李均沟村178户640人分散居住在5个小山沟里。“晴天土蔽日，雨天泥把门”曾是当地生态环境和生活状况的真实写照。驻村扶贫以来，国家电网西安供电公司苏羽佳和同伴们从改善村里基础设施入手，修建了排洪渠、文化广场、生产道路，分类施策扶持了养殖户，引进了香菇、苹果等种植专业合作社。目前全村贫困户已经由58户减少到5户，贫困人口由147人减少到19人。

安徽省金寨县地处大别山腹地，是红四方面军、红二十五军、红二十八军的诞生地，著名的革命老区之一。土地革命时期，金寨有10万儿女参军参战，最后幸存者仅700余人。2011年，金寨被列入大别山区域扶贫集中连片开发重点县。在省扶贫队的驻村帮助下，2015年，金寨由区域扶贫转变为精准扶贫，贫困人口由2014年初的13万人，减至2019年底的1021人。金寨人民在党的扶贫政策之下砥砺奋进，幸福生活灿若云霞。

太行山走来的“农民教授”

2016年4月10日凌晨，河北农业大学教授李保国因心脏病突发，不幸去世，年仅58岁。作为一名共产党员，他身体力行地诠释着科技之道、富民之道，更传做人之道、奉献之道。李保国在大学毕业留校后的几十年间，一直致力于农民的脱贫致富和山区开发建设。他以强烈的社会责任感，在山区一干就是30多年，用优秀的品德践行着农大人的“太行山精神”。他说：“人一辈子能干点事，能帮人做点事，就值了！”2012年4月13日，在临城县河北绿岭果业有限公司科技园，李保国教授的一张为群众现场演示薄皮核桃高接换优技术的照片广为流传。大学教授扎根农村的伟岸形象深深地印在人们的心田上。

太行山巍巍，共产党员初心不变。

不管是在扶贫攻坚的道路上，还是在“三农”工作的征途中，让人民过上好日子是共产党人的初心使命，更是时刻系于心间的时代考题。“我是农民的儿子，见不得穷。”“还有许多山区农民在过苦日子，我必须把自己的知识和能力全部贡献出来。”“太行山的父老乡亲富起来了，我的事业才算成功。”……从武邑县一个农民家庭走出来的李保国，一直有着浓浓的“三农”情结。多年来，李保国举办不同层次的培训班共800余次，培训人员9万余人次，许多果农成了“技术把式”。经他直接帮扶的村庄达40余个，间接带动发展起来的村有100余个。

李保国没架子，是典型的“农民教授”、传奇色彩的果林“扫地僧”。李保国的手机通讯录中有将近900个电话号码，其中农民的有三四百个。在李保国离去后的两天里，他的手机还不时地传出淳厚的乡音：“李老师啥时来俺们村作指导啊？”那些深山里的农民兄弟，还在热切期盼着他的帮助。

深山里的“女愚公”

20年前，贵州黔南麻怀山乡麻怀村四面环山，不通电、不通路，属于典型的“九山半水半分田”的石漠化喀斯特山区。村子被大山挡住，一直很穷。当地孩子每天上学要翻过5座山，走3个多小时。1998年，国家电网改造，麻怀村连电杆电缆都无法运进去。为了打通山路，党员村干部邓迎香带头组织乡亲们挖了起来。历经13年，从趴着打，跪着打，再到坐着打，这条浸着汗与血的路，燃掉了2300余支蜡烛、100余千克煤油，打了2000余个炮眼。终于，2011年8月，216米的隧洞通了！这条宽3.9~5米，高3.5~5米，能通5吨小货车的穿山隧道完美竣工。

曾经3个小时的山路变成了3分钟！省委书记在实地考察之后称赞邓迎香为当代“女愚公”！这条简陋的隧道，从此成了致富路。2013年，麻怀村摘掉了“贫困村”的帽子。邓迎香荣获了“第四届中国消除贫困奖感动奖”，这名普通的基层妇女党员用艰辛的汗水和铿锵的誓言，在脱贫攻坚伟大征程中树立了一根标杆。从千年孤岛到天堑通途，从环境肆虐到生态画廊……鲜明的图景、强烈的反差之间，正是无数个邓迎香带领乡亲们在神州大地上奔跑奋进的体现，他们的足音如此清晰可辨，初心的力量如此坚强有力。

这样扶贫战士的感人事迹不胜枚举。

革命老区百色是全国14个集中连片特困地区之一。2019年6月16日晚，广西百色市乐业县新化镇百坭村的第一书记黄文秀，一名优秀的北京师范大学硕士毕业生，在开车返回乐业的途中不幸遇难，30岁的生命永远定格在扶贫路上。在黄文秀服务百坭村的1年零2个月20天的日子里，她帮助百坭村发展电商，将砂糖橘等土特产远销全国各地；她为百坭村申请到通屯的路灯项目，使人们走夜路不再需要手电筒；她挨家挨户走访全村195户，建档立卡贫困户，并在记录本上清晰地标注好每一户的致贫原因……

北京师范大学校友总会微信公众号上刊登了一篇黄文秀的扶贫心得体会。她在文中写道："让扶过贫的人像战争年代打过仗的人那样自豪，长征的战士死都不怕，这点困难怎么能限制我继续前行。"在选择冒着暴雨返回工作岗位的那一刻，黄文秀的心中，也许根本没有"退缩"的选项。她选择了前进，向自己牵挂的土地前进，向自己关心的群众前进。她从此消失在了汹涌的洪流中，但永远镌刻在我们的心里。

漫漫文化扶贫路

1998年底，习近平在福安主持召开了"连家船民"上岸定居现场会。习近平指出，扶贫要实打实解决问题。首先，要为下一代着想，让孩子们上学，教育不能落后了。

除了物质扶贫脱贫，更要让更多的孩子走出大山、考上大学。教育的本质就是，一棵树摇动另一棵树，一朵云推动另一朵云，一个灵魂唤醒另一个灵魂。每个孩子都是一颗幸福的种子，都能引领自己走向光明。就拿贵州麻怀村来说，隧道通了之后，读书方便了，一改以前没有大学生的状况，共有16个孩子考上了大学，其中1个还考上了研究生。这都是在以往不敢想的新生活。

扶贫工作产生的更大作用体现在精神面貌的变化上。四川省乐至县放生乡甘家店村第一书记蒋未说，他的获得感、成就感饱满而丰富：村容村貌的改变发生在大家身边，一些原先好吃懒做、思想落后的村民，慢慢懂得了感恩，敢于挑战贫困、直面人生，乐观积极取代了过去的消极应对。

没有拔不掉的穷根，没有移不走的穷山。四川彝族老党员山正元，是一名有着40多年的电影译配放映经历的老党员。2001年退休时，他申办了“山正元放映队”，义务为凉山贫困村放电影，十多年来为彝族孩子们展开了新时代的新画卷，打开了看世界的窗口。

雷波县有一位“最美山村女教师”——彝族姑娘马剑霞。2003年，她被招录到雷波县唯一一个不通公路的大坪子乡中心校当小学老师。这个1985年出生的美丽彝族姑娘，多次放弃可以走出大山的机会，一直坚守在四川省凉山彝族自治州唯一不通路的地方，坚守在上山需要手脚并用攀爬五六个小时的学校里。通过自己的努力，挽救了一个将要消失的学校，圆了一批又一批山村孩子的上学梦。十年间，马剑霞在一万多公里的山路上挥洒着热血青春。

“圣人无常心，以百姓心为心。”有了对幸福生活追求的大目标，脱贫攻坚已让人们超越了自身，卸下精神包袱的那个仪式性时刻已经越来越近，即使在新冠肺炎疫情的影响之下我们还是似能闻听到抵达胜利的铿锵脚步。到2020年2月底，全国832个贫困县中已有601个宣布摘帽，179个正在进行退出检查，未摘帽县只剩52个，区域性整体贫困基本得到解决。我们党的初心和使命，决定了党能够永远保持对人民的赤子之心，始终把人民利益摆在至高无上的位置，始终同人民想在一起、干在一起，能够面对风险挑战愈挫愈奋、愈战愈勇，能够遇到干扰不为所动、不改本色、勇往直前。

督在实处，战果精准，攻出长效。“鸟儿回来了，鱼儿回来了，打工的人儿回来了，人的心儿也回来了。”湖南省湘西州花垣县十八洞村村民们打心眼儿里感谢习总书记，他们说，是他让十八洞村彻底变了！

这就是生活的新起点，这就是奋斗的新起点。

“两山”理论何以映照“美丽乡愁”

“我们的村庄变成了一张亮丽的明信片”，多么自豪的话语、多么自信的表述！在地球的另一边，美国纽约曼哈顿，当地时间2018年9月26日晚，站在联合国的颁奖台上，浙江安吉县农民裘丽琴用质朴的语言讲述了自己生活环境巨大变化的故事，引起全场热烈掌声。

“我来自浙江省的一个村庄，15年前，我每天都要拎着满满的一桶脏水走到很远的地方去倒污水。当时，我家厨房没有排污水管，村里没有垃圾箱，河道受污染，又黑又臭。今天，习近平亲自推动的‘千村示范、万村整治’工程使我们村庄变成一张亮丽的明信片。”安吉的美丽蝶变，正是世界上最大发展中国家万千农民携手推进生态变革的一个缩影。

15年，在这个变动不居、瞬息万变的世界上，这段改天换地的经历将成为未来生活的一方磐石。

实际上，中华人民共和国成立70多年来，秉持为民情怀的共产党人久久为功，奋力建设美丽家园。15年前，习近平在浙江亲自推动“千村示范、万村整治”工程。15年后，联合国环境规划署将年度“地球卫士奖”中的“激励与行动奖”颁给这项工程，连同颁给塞罕坝的这两个奖项，折射出国际社会对中国生态文明实践的广泛认可，凸显人类命运共同体建设的中国担当。

新时代的乡村振兴画卷不断铺展，跨越山和海，正成为一股澎湃的变革性力量。正如毛泽东所说，“我们正在前进。我们正在做我们前人从来没有做过的极其光荣伟大的事业。我们的目的一定要达到。我们的目的一定能够达到”。

安吉溯源：“绿水青山就是金山银山”的理论孕育

“天地与我并生，而万物与我为一。”

绿水青山和金山银山这“两山”相互联系、相辅相成，但也常常处于矛盾之中。人类认识世界、改造世界的历史实践中，往往面临绿水青山和金山银山的两难选择，也出现过为金山银山而牺牲绿水青山的惨痛教训。习近平指出：“自然是生命之母，人与自然是生命共同体，人类必须敬畏自然、尊重自然、顺应自然、保护自然。”“我们绝不能以牺牲生态环境为代价换取经济的一时发展。”

2020年3月30日，春风又绿江南岸。习近平重回“两山”论发祥地看变化。东经119.6°、北纬30.5°，这是地图上一个小村——安吉县余村的坐标。2005年8月15日，时任浙江省委书记的习近平在该村考察时首次提出“绿水青山就是金山银山”。在余村调研9天后，习近平又在浙江日报《之江新语》专栏发表《绿水青山也是金山银山》。15年来，这个原本名不见经传的小村坚定践行这一理念，走出了一条生态美、产业兴、百姓富的可持续发展之路，美丽乡村化蛹为蝶，“两山”理论展翅飞向全国。

春林山庄是余村关停矿山、走绿色发展之路后创办的第一家农家乐。亲眼见到习近平，农家乐经营者潘春林难以抑制内心的激动，“没想到真把您给盼来了”！

远山青翠如含黛，流水潺潺宛画境。这次来余村，看到村里的大变化，习近平感慨道，时间如梭，当年的情形历历在目，这次来看完全不一样了，美丽乡村建设在余村变成了现实。他动情地说，浙江不少地方的绿水青山就像天生丽质的姑娘一样，不需要太多的装扮。现在发展到这一步，已经是在全国起示范作用了。

盈盈烟水阔，鸥鹭笑忘归

在主政浙江期间，针对浙江经济高速增长过程中的环境问题，习近平深刻指出：“你善待环境，环境是友好的；你污染环境，环境总有一天会翻脸，会毫不留情地报复你。”2005年8月，到安吉县余村考察时提出“绿水青山就是金山银山”的“两山”理论，彰显出习近平的绿色发展观。

中国安吉生态博物馆里竖着两块与生态保护相关的石碑，古人以勒石以志的郑重方式，表达敬畏之心，亦说明他们尊崇人与自然和谐相处，血脉中流淌着保护生态环境的优秀因子。

农村是最有泥土芬芳的文化土壤，也是人走近自然、呵护自然、最富有亲情的有机组成部分。安吉处处青峦叠翠，竹林葱郁，清泉泄流，村前屋后，桑茶飘香。两块石碑饱含始终不渝的坚韧，更体现人与大自然高度契合的美好追求。一块是清光绪年间的《阖村公禁碑》，碑文系禁止砍伐森林的村规民约，由中国近代杰出的金石书画大家吴昌硕发起。据记载，吴昌硕出生在安吉县鄣吴村，家乡良好的生态环境给他留下了深刻印象，他曾在《鄣南》诗中写道：“……盈盈烟水阔，鸥鹭笑忘归。”1885年，当时在苏州的吴昌硕得知乡人拟制定禁止砍伐森林树木的村规民约，便联合他人共同出资，立碑以告村人：严禁砍伐树木，如有贪图小利，则绝不徇私。另一块则是《奉宪禁碑》，立于清嘉庆十三年（1808年），是一块明确记载护笋养竹的碑刻，此碑现立于安吉县递铺镇关上村村口山坡上。

目前，安吉境内“七山一水两分田”，全县森林覆盖率75%以上，植被覆盖率保持在76%以上，空气质量优良率保持在90%以上，地表水、饮用水、出境水达标率均为100%。“溪水潺潺流，流出诗篇；芦花轻轻摇，美了画卷；绿水青山，金山银山……千山叠翠，万顷连绵；才勾起乡愁，又唱起乡恋……”这首在太湖畔听到的《绿水青山》的歌，分明道出了一腔豪情、一份自信。

长城内外的“两山”新风貌

锦绣中华大地，孕育了中华民族5000多年的灿烂文明，造就了中华民族天人合一的崇高追求。党的十八大以来，在习近平生态文明思想指导下，我国生态文明建设力度空前，成效显著，进入认识最深、力度最大、举措最实、推进最快，也是成效最好的时期，“五个前所未有”的成功实践也充分证明了习近平生态文明思想科学指导性。

提倡高质量发展昭示未来。2013年至2017年，高消耗、高污染的落后产能很快予以淘汰，产业得到升级。全国累计退出钢铁产能1.7亿吨以上、煤炭产能8亿吨、水泥产能2.3亿吨，关停煤电机组1500万千瓦。在40多项涉及生态文明建设方案的指导下，监管严厉执法，各类数据惊人。2018年全国实施行政处罚案件18.6万件，罚款数额152.8亿元，同比增长32%，是2014年新环境保护法实施前的4.8倍。

绿色是生命的象征、大自然的底色。人们越来越认识到杀鸡取卵、竭泽而渔的短视发展模式不能持久，人与自然的相处还需要回到碧海蓝天、和谐共处。环境质量得到快速改善，老百姓享受到了久违的优质天气。2018年全国338个地级及以上城市优良天数比例达到79.3%，同比上升1.3个百分点；细颗粒物（PM2.5）平均浓度39微克/立方米，同比下降9.3%。同时，水天一体，不断得到净化。全国地表水优良（Ⅰ—Ⅲ类）水质断面比例从2017年的67.9%提高到71%，上升3.1个百分点；劣Ⅴ类断面比例从8.3%下降到6.7%，降低1.6个百分点。

敢教日月换新天。山西省朔州市右玉县，地处“三北”地区长城沿线的潜在沙漠化地带，是国家级贫困县。因长年风沙成患，被称为“一年一场风，从春刮到冬；白天点油灯，黑夜土堵门”。中华人民共和国成立初，首任县委书记张荣怀到任后做的第一个“梦”、定的第一个决策、打的第一场战役都是种树。他的呐喊振聋发聩：“右玉要想富，就得风沙住；要想风沙住，就得多栽树。”而右玉人民，更是一把铁锹两只手，干罢春夏干秋冬。二十任县委书记一任接着一任干，全县近90%的沙化土地得到有效治理，林木绿化率已达54%。如今的右玉，春天惠风和畅，夏季清爽宜人，秋天层林尽染，冬季银装素裹，被确定为国家生态文明建设示范县和“两山”理论实践创新基地。

习近平2016年在参加十二届全国人大四次会议黑龙江代表团审议时表示：“绿水青山是金山银山，黑龙江的冰天雪地也是金山银山。”实际上，不仅“绿水青山”“冰天雪地”是“金山银山”，汪洋大海、茫茫草海、戈壁黄沙、荒山怪石都可以通过发展与当地自然环境相适应的经济产业，实现相应的经济价值，变成“金山银山”。

塞罕坝位于河北省北部，曾经是茫茫荒原。1962年9月，369名平均年龄不到24岁的创业者，肩负“为北京阻沙源、为京津涵水源”的神圣使命，从全国18个省（市）集结上坝，开始了艰苦卓绝的高寒沙地造林。头两年人们满怀希望种下的2000多亩落叶松，结果成活率还不到8%。党交给的任务还没有完成，坚决不能退缩和放弃！关键时刻，王尚海、刘文仕、张启恩等首任场领导班子成员带头把家从承德、北京等城市搬到了塞罕坝，以示决心。

就这样，2017年，塞罕坝人用了55年的时间，把这块荒漠沙地变为“河的源头、云的故乡、花的世界、林的海洋、鸟的乐园”，每年为京津地区输送净水1.37亿立方米、释放氧气55万吨，成为守卫京津的重要生态屏障。最根本的就在于塞罕坝人听从党的召唤，始终牢记修复生态、保护生态的历史使命。

建设美丽中国：推进生态文明的“神来之笔”

建设美丽中国是我们心向往之的奋斗目标。

习近平历来重视生态文明建设，从梁家河，到河北、福建，到浙江、上海，一直到党中央，始终以马克思主义生态思想为指导，对我国生态文明建设思想进行了不懈的探索与追求，逐步形成了习近平生态文明思想，是马克思主义中国化的最新理论成果，是新时代推动生态文明和美丽中国建设的思想指引和行动指南。

中国特色社会主义现代化本质上就是要既有绿水青山又有金山银山。经过十几年的奋斗，余村、安吉乃至湖州守住了“绿水青山”，也得到了“金山银山”。他们在创造自己美好新生活的同时，也为推进生态文明建设提供了具有当代意义的鲜活经验。这些动人画卷“让绿水青山就是金山银山的理念在祖国大地上更加充分地展示出来”。

理念一新万事新。保持绿水青山的资源优势。乡村与城市相比，最大的优势在于拥有绿水青山的生态资源。保持绿水青山的资源优势，就是为乡村全面振兴提供助力。位于哀牢山脉南段的云南省元阳县黄兴寨村，这个哈尼族、彝族聚居的深度贫困村的蜕变也很具有典型性。2015年，该村“晴天黄尘飞，雨天一身泥，垃圾随意丢，污水到处淌”，在接受挂钩帮扶之初，贫困发生率高达52.8%。如何把黄兴寨绿水青山的优势转变为金山银山的财富？驻村工作队决心带领当地村民，充分利用现有条件闯出一条可持续发展的致富路。从实际出发，发展林下生态鸡、种植板蓝根，村民们的钱袋子越来越鼓。同时，该村重点开展厨房革命、污水管道建设、垃圾桶定点放置、垃圾焚烧炉、垃圾池建设，激发村民积极参与美丽乡村建设的内生动力。

绿水青山育金银。让绿水青山颜值更高，金山银山成色更足，百姓生活品质更好，关键在于始终尊重规律、保持山水不变。人不负绿，绿定不负人。从“两山”理论的诞生地看余村蝶变，这个只有280户、1045人的小村告别彷徨之痛，实现了从“坐吃山空”到捧出“金山银山”的华丽转身。“绿水青山就是金山银山”成为新发展理念的重要组成部分。经济发展不能以破坏生态为代价，生态本身就是经济，保护生态就是发展生产力。目前，余村休闲旅游农家乐有42家，床位500多张。2019年接待游客约80万人次，旅游总收入约3000万元，带动农民人均增收5000多元。浙江省湖州市安吉县天荒坪镇余村党支部书记汪玉成诚心诚意地说，“从以前卖石头到现在卖风景、卖产品，真切感受到，保护好生态环境，生态也会回馈我们”。

最严法治最强心。习近平指出，只有实行最严格的制度、最严密的法治，才能为生态文明建设提供可靠保障。对于“两山”理论的认识是一个由表及里、由浅入深的过程。在这个过程中，各级党委政府，特别是共产党员带头，较快地产生了良好的示范效应。安吉在20世纪八九十年代曾以采矿为支柱产业，“村村点火，户户冒烟”，造成植被破坏、污水横流、鱼虾绝迹。县委、县政府毅然转型，决定停止开矿，全面推进矿山复绿工作，固体废弃物处置率和绿色矿山建成率均达到100%。类似的实践探索在全国纷纷涌现。例如，江西省萍乡市安源区五陂镇依托海绵小镇建设改善生态空间，带动了周边乡村振兴；海南省博鳌镇沙美村推进沙美内海全面退塘还林还湿，形成以红树林为主的湿地生态。

从余村唱响世界的中国智慧，在神州大地蔓延开来。

《战狼2》视域下的海外中国形象

拿破仑曾说，中国是一头沉睡的狮子。如今，正如习近平就任中国国家主席后首次欧洲之行期间所宣示的，中国这头狮子已经醒了，但这是一只和平的、可亲的、文明的狮子。

随着“一带一路”倡议的推进，中外经济交流合作的文化记忆再次被唤醒和激活，特别是中西法治、古今对比等主导性话题更是焦点。核心的焦点就是如何看待自身的发展、如何看待与世界的关系、如何探寻人类文明大道之所在。

电影是现实的最好折射，是投射国家地理想象、反映国家间地缘关系的重要文本。近年来通过《湄公河行动》《战狼2》《红海行动》这些中国海外军事行动题材电影，我们可以看到借助“好莱坞式”的情节建构，极大地突破了以往传统电影的中国形象，是中国力量之于西方“中国威胁论”文化政治的新回应，进而彰显人民主体力量，彰显改革创新力量、参与国际治理的法治力量以及展现一个负责任大国的形象。

情感地缘政治的话题，在中国海外形象的日益饱满中得到淋漓尽致的渲染，最美好的回报就是4天之内《战狼2》票房突破10亿元。

中西之变中的强国气象

古今之变是永恒的课题。既要知古鉴今，又要能从中找到古今的差异性，从中找到今胜于古的紧迫性、艰巨性和操作性。这正是人们在改革开放之初种种纠葛、思维反复的最大难题之所在。

改革开放带给中国的，不仅是经济体量的剧增以及随之而来的跨入中等收入门槛，更是极大地孕育了一种文化自信。这种孕育、唤醒和激活，不能仅仅被看作附在经济合作上的点缀，而是代表着不同文明、不同国家、不同发展层级之间的相处方式和相处的可能性。这里面，既有中国推进“一带一路”的世界大同情怀，更有展示中国文化独特性魅力的非凡自信。《战狼2》《红海行动》《湄公河行动》的良好票房，也是和当前中国的发展阶段吻合的，作为世界上最大的发展中国家，中国能够在全球化过程中“一骑绝尘”，本身就是一个值得称赞的经济奇迹。正是有了经济快速发展，中国人才能释放出创造潜力，并将这种潜力释放到全球侨胞救济等方面。接下来的问题就是，走出国门，如何处理好自处和他处，各种交流日益增多，再加上千年来的古今之变、现在的中外之变，一个世界大国、强国气象的时代要求愈加突出。

作为联合国安理会常任理事国中唯一一个发展中国家，中国综合实力不断发展，使得其在国际舞台上所发挥的作用也越来越突出。电影中的中国红元素，作为受保护的一方“中国人”身份和“五星红旗”等视觉识别不断得到强调和展演。在《战狼2》中，不管他们内战如何厮杀，非洲红巾党首领都命令其军队组织“不要杀中国人”。在影片的结尾，冷锋高高举起五星红旗，带领华资工厂人员横穿非洲枪林弹雨中的交战区。当正在交战的双方看到五星红旗后，立即停止交火，让中方车队安全通过。这些话语、符号、命令、展演和生死紧迫的关口，让观众体验了生死之间的恐怖挤压，又完成了内心深处的民族身份认同和爱国情感的升华。

国家安全指向一种宏观层面的国家现象，中国作为强大后盾，始终是浮现在影片的画外音。“我们的国家也许不够强大，但是在你遇到危险危难时肯定会全力救你，也门撤侨是这样，汶川地震、九寨沟地震也是如此，有国才有家”。庚子春节暴发疫情，无数海外游子回归祖国怀抱，这种国家与民族、个人之间存在的坚实确凿联系，在无数个隔离点、在机场、在轮船上都得到了无尽的渲染。

国家力量蕴藏于每一个人的记忆之中。新时代中国梦的呼唤，正表达出大国崛起的民众心理与情感期盼。历史不会简单地给出今天的答案，但历史之中的确有未来的影子。

通过确立改革开放为基本国策，中国开始与西方国家交流合作，并将其作为加强自我意识的对立文化实体，也就是说，通过双方来认识和塑造自己的独特性道路、独特性制度和独特性文化。“文化大革命”结束后，中国共产党人逐步走出二元对立思维导图，开始在识别、接触、融入世界发展潮流的时代大考中，以一种“独特”的方式参与“现代世界的转型”“新型世界秩序”的构建。

向世界展示中国形象

中国如何看待世界？

所谓世界，一段时间以来不过是列强和现在所说的资本主义国家为主导的代名词，与发展中国家无缘。对于我国的集体记忆而言，从马戛尔尼访华时敢于在瓷器故乡进献碧玉瓷给乾隆皇帝，就能嗅出几分英国制造的自信气息，而这种自信作为“镜像”，不断地在各场战争中得以强化。可以说，在西方世界的镜像之中，“东亚病夫”形象长时间不退，一直到了20世纪中华人民共和国成立之后才发生重大转折，并随着抗美援朝战争、援越战争、新中国恢复联合国安理会常任理事国、中国进入G2经济俱乐部等，才有一点点的改变。一方面，在丛林规则的影响下，我们依然坚持发展是硬道理，在追赶世界发展潮流的人间正道上驰而不息；另一方面，“树欲静而风不止”，围绕着高科技、“入关”、国际贸易顺逆差等重大斗争屡见不鲜，在中国发展道路上不断设置障碍，试图让这个东方大国止步于人均万元俱乐部门前，成为“中等收入陷阱”的又一个案例。

在西方人的潜意识里，以中国为代表的东方文化是温和温顺的，是哲思的，是形而上的，是和掠夺、枪炮和玫瑰无缘的，是独自绽放在古老大地上的一曲牧歌。在18世纪的法国，伏尔泰在观察社会巨变过程中的道德困境时，将目光投向了中国。2005年10月，池田大作在接受《国际先驱导报》记者采访时说：“他曾问汤因比，‘如果再生为人，博士愿意生在哪个国家，做什么工作？’他毫不迟疑地回答，‘我愿意生在中国。因为我觉得，中国今后对于全人类的未来将起到非常重要的作用。’”在这些哲人眼中，中国人作为最懂得道德和法律的民族，当给予科技至上的人类发展困境施以援手，以共赴人类美好未来之约。

人事百代谢，往来成古今。或许，我们应是在古今之变中去克服中西之变，去克服发展崛起中的社会心理问题、力量对比的平衡问题，而不是在突出中西之变过程中去追求古今之变。从2020年春节前后新冠肺炎疫情暴发以来，我国外交部发言人耿爽、赵立坚等人与世界各国、国际组织的互动、交往中，我们已经能感受到这一份成熟的气度，看到这一份难得的从容。

在历史大脉络中解读海外中国形象

作为全球第一大货物贸易国，同时还是130多个国家的最大贸易伙伴，2019年我国货物贸易进出口总值高达31.5万亿元，2020年一季度已达6.6万亿元。《战狼2》等电影不仅有主角敢打敢拼的热血镜头，更有一腔爱国忠贞，从侧面回应了人们对祖国强大、国民海外利益得以维护、展示良好的海外中国形象的热切期盼，这也是一种文化软实力。我们从来不缺文化自信，问题在于如何体现这份自信，在“挨骂”的氛围里赢得一份体面和优雅，这正是海外中国形象推广中的关键问题。

在纪念中国共产党成立95周年大会上，习近平郑重宣示，中国共产党人和中国人民完全有信心为人类对更好社会制度的探索提供中国方案。中国制度不但丰富了世界政治文明，而且完善了人类发展方式。在应对这次疫情过程中，“西方之乱”映衬出“中国之治”，可以说中国制度的比较优势进一步丰富了世界文明图景。鉴于人类不能永远止于困境之中，而要在困境中寻找出路。曾经提出“历史终结论”的福山描绘的世界政治发展前景：一种替代性方案就是中国制度。

20世纪90年代东欧剧变、红旗落地。经受过“血与火”的洗礼的中国共产党人杀出一条血路，探索出一条适合自身实际的经济、社会、政治、文化和生态文明建设之路。在时代中演进是如此惊心动魄。“历史的道路不是涅瓦大街上的人行道，它完全是在田野中前进的，有时穿过尘埃，有时穿过泥泞，有时横渡沼泽，有时行经丛林”，这一幅画面完全可以用在中国共产党成立的这100年大考之路上。2015年诺贝尔文学奖得主、白俄罗斯女作家阿列克谢耶维奇在《二手时间》著作中写道：“看看人家中国吧，还是共产党掌权。中国已成为世界第二大经济体了”。这一历史真相明明白白，绝不是我们的孤芳自赏、更不是自我迷恋。

窥求大道规律，品咂真理内涵。一个民族的盛衰兴亡，不单纯取决于文化，而是取决于一个国家的综合实力，制度就是综合实力的体现。从基本价值取向来说，人类选择好制度就是为了更好地发展、过上更美好的生活，西方国家也总是力图把自己的成功经验包装成美丽的发展模式，推销给后来者。但在诺贝尔经济学奖得主舒尔茨教授看来，这300多年的世界经济史，没有一个是照搬成功的，都被剪裁掉了关键的许多社会条件。而中国制度则是把政府、社会和市场有机协调起来，体现了强大的制度吸纳力、整合力、执行力，这一成功实践吸引了许多来自发展中国家甚至发达国家的目光。在当代中国，这一份来自制度自信、道路自信的文化自信，必须落实到民族自强和国家发展上，结合理论自信成为一种精神支撑。《战狼2》从一个侧面满足了这样的文化需求，成为折射国家发展、体现海外自我保护与发展实力的文化因子。

未来之期：比较文明视野下的中国特色

精神，对一个党、一个民族、一个国家来说，极端紧要。一个没有精神力量的党，不可能成为带路人；一个没有精神力量的民族，不可能站在理论思维的顶峰；一个没有精神力量的国家，不可能屹立于世界民族之林。在百年未有之大变局之中，我们面临着诸多共同挑战。我们应该更多地注重经验总结和提炼，为人类发展命题注入更加丰富的意蕴。特别要看到我们伟大的祖国在千百年来从没有发生过文明的危机，有了这个文化自信、文化定力，方能帮助我们在扑朔迷离的经济全球化浪潮中更好地理解现实、把握自身、展望未来，理直气壮地走符合国情的中国道路。

铭记，是最好的缅怀；传承，是最好的纪念。理论发展只有进行时，没有完成时；代代相因，中国制度前景将如秋水共长天一色。我们要从站起来、富起来到强起来的伟大历程中汲取智慧力量，传承共产党人勇敢、坚毅、乐观、向上、团结拼搏的精神，不忘初心、牢记使命，意气风发地在实现中国梦的道路上进行新的伟大长征！

毕竟，人类永在进行寻找文明的新长征，这些电影中的精灵和魂魄，正是征途上一盏盏永不熄灭的灯。

航母style与“天问一号”的时代气质

2012年11月23日，国产歼-15舰载机在我国首艘航母辽宁舰上成功完成首次着舰起降。中国海军航空兵从此在我国首艘航母上安营扎寨，辽宁舰从此成为真正意义上的航母。“下蹲屈身，凌空一指”，这款“航母style”手势一夜走红、被全国网友争相模仿：“那惊心动魄的瞬间，每次回忆都让我热血沸腾”。一项调查的结果显示，超55%网民认为“航母style”的流行“表现了中国人的自信”。

“高光时刻”不断涌现。2020年4月24日，在“中国航天日”的启动仪式上，备受关注的中国首次火星探测任务名称——“天问一号”正式公布。天问，天问，这一充满想象的名字源自诗人屈原

2000多年前写就的长诗，寓意探求征途漫漫。

可上九天揽月，可下五洋捉鳖，在伟人的笔端是多么浪漫的想象、多么宏伟的目标，至此，嫦娥探月、蛟龙入海、火星访客等让我们的梦想一一成真。

白马庙的自信

海洋，曾几何时，成了中国人苦难的根源。100多年前，倾注国人强国梦想的北洋水师在甲午海战中，出人意料地折戟沉沙。邓世昌指挥濒沉的“致远”舰撞向日舰“吉野”的悲壮、陈天华的一怒蹈海、闻一多的《七子之歌》，当年风雨如磐、豺狼当道，列强横行成了一个民族记忆最深处的伤痛。

我国既是陆地大国，也是海洋大国，拥有1.8万多公里大陆海岸线、1.4万多公里岛屿岸线、300多万平方公里主张管辖海域，拥有广泛的海洋战略利益，需要战略性军种海军作为强有力的保障。

从白马庙启航时，人民海军的全部家当，不过是“几艘基本丧失战斗力的铁壳船和木船”。首任海军司令员视察部队，不得不借渔民的小舢板出海。这也难怪，1949年我国的钢铁产量只有10多万吨，别说制造军舰，就连铁钉也要从国外进口。时代如潮，一方桑田可以见证，在党中央的正确领导下，人民子弟兵的战斗动能得以释放，今天的人民海军，已是一支听党指挥的忠诚之师，一支能打胜仗的威武之师，一支作风优良的文明之师。

一支军队的自信，反映的是一个国家的自信。放眼大洋，中国走向海洋的步履从未像今天这样铿锵：亚丁湾护航展示大国形象，

“蛟龙”号深潜试验创造亚洲纪录，环球航行向世界播撒和平友谊种子……

2018年4月12日，中华人民共和国历史上规模最大的海上阅兵在南海海域举行。48艘舰艇铁流澎湃，76架战机振翅高飞，充分展示了人民海军现代化建设成果，展示了中华民族向海图强的底气和自信。经历了5000多年的艰难困苦，中国依旧在这儿！面向未来，中国将永远在这儿！

航母style

生命不息，奋斗不止。在歼-15舰载机工程总指挥罗阳生命的最后一个月里，为了让新型战机翱翔于蓝天，让舰载机驰骋于大海，罗阳不知疲倦，劳心劳力，在实现了两大重点型号相继成功首飞后，就立即赶赴珠海航展为新型战机呐喊，紧接着又转战“辽宁舰”为舰载机助力，观看每次起降过程，记录和分析飞机状态，直至出现身体不适。他用全部的精力带领着中国战机冲上了事业的巅峰，用无悔的信念诠释着“航空报国”的真谛，直至生命的最后一刻……

罗阳出生于军人家庭。1978年，17岁的他，从武汉考入北京航空航天大学，就读飞机制造系高空设备专业。毕业之际，罗阳的同学为毕业纪念册撰写了这样的前言：“我们是幸福的，这不仅因为与我们的同龄人相比，我们接受了高等教育，更主要的是因此我们要承担更大的历史责任。”

接到舰载机任务，他和团队的工作节奏最初是“711”，每周干7天，每天11个小时。在任务最后冲刺的1个月，罗阳也冲到了极限，变成“720”，每天工作时间达到20个小时。罗阳去世前，曾谈到在压力面前工作：“你把一件一件的工作想方设法地做好，在这个过程当中，可能你也没有时间去过多感觉到这个压力。问题出现以后，眼看着上级要求的时间越来越近了，那种压力是无形的。但是你在全力以赴地去工作、去克服、去解决它的时候，就会把它忘掉。”就是一大批罗阳这样的共产党人不辞辛苦、日夜奋战，辽宁舰从交接入列不到2个月便顺利进行了歼-15舰载机起降飞行训练，其他国家差不多都要2年多时间才能完成，谱写出航母人尽锐出战的壮阔新篇！

2019年12月17日，又一个中国海军发展史上被载入史册的日子，因为在这一天，首艘国产航母山东号在海南省三亚军港正式交付，形成更加强大的国家海军重要支柱。2022年6月17日上午，我军第三艘航母“福建号”下水了。循着航母的足迹，我们听到历史的隆隆雷响，从辽宁号、山东号以及以后的其他航母这些亲切而熟悉的名字中，我们能感受到大江大河的奔腾，触碰到历史深处的脉动，寻找到打开民族复兴之门的钥匙。

“天问一号”问火星

海洋有奥秘，问天无止境。

2020年3月28日，在太空中遨游整整50年的“东方红一号”再次过境北京上空，许多人竞相仰望，重温半个世纪前那激动人心的壮丽时刻。“东方红一号”卫星技术总负责人孙家栋说，“那个年代，能把第一颗卫星送上天，每一个螺丝钉都是中国自己搞的，真感觉到扬眉吐气。”

4月23日，习近平给参与“东方红一号”任务的老科学家回信，向他们致以诚挚的问候，并强调要敢于战胜一切艰难险阻，敢于攀登航天科技高峰。习近平说，50年前，“东方红一号”卫星发射成功，他在陕北梁家河听到这一消息十分激动。老一代航天人的功勋已经牢牢铭刻在新中国史册上。这既有中国共产党人为国家富强不懈的追求，更彰显了中华民族自强不息的伟大精神。

这些年来，中华民族的奔月梦想一步一步得到实现。2003年10月，杨利伟搭乘神舟五号航天飞船创造了中国历史上首次载人航天的完美旅程；2007年11月26日，国家航天局正式公布嫦娥一号传回的第一帧月面图像；2008年9月27日，神舟七号航天员翟志刚在茫茫太空中第一次留下华夏儿女的身影；2022年6月5日，神舟十四号载人飞船发射成功。在不断刷新历史纪录的神圣时刻，正如年近九旬的“两弹一星”功勋科学家孙家栋院士所说“我们都是幸福的追梦人”！

飞天中国，千年梦想。我国首次火星探测任务名称和图形标识全球征集活动于2016年8月启动，共收到工程名称35912个，工程图形标识7439个。经过网络投票，“天问”排名第一，得票31.7万余张。我国首次火星探测任务，将是中国航天走向深空的里程碑工程。

人类不会永远生活在温暖的摇篮里，探索未知是人的本能，我国古代先人不乏追求真理的文化基因。研究火星可以给人类带来很多启示。火星是太阳系中与地球环境最为相似的行星，火星不仅有大气，也有适宜的温度，还和地球有着相似的自转周期。在航天专家看来，“如果任务能够成功，将会使我国成为世界上第二个具备火星着陆能力的国家”，进而可以获得更多的科学探测数据。拥抱星辰的时候拥抱中国梦，看似寻常最奇崛，里程碑式的奇迹和壮举里饱含着自强不息、勇于创新的航天精神。

为时代气质重新定义，我们已经走到了这样的时段。虽然在强国道路上，我们依然任重道远，但诸如此类的问题，已经无可回避地与我们遭遇，需要我们从内心发出呐喊去回应。我们发展不仅仅是显示自己的“肌肉”，更多的是寻找宁静的幸福、和平的环境、世界的大同。我们不断回望在党的领导下取得的上九天、下五洋战绩，但并不是单纯地回味、品味，我们的目的还是静下心去思考，怎样才能找回奋斗岁月下那种一往无前的意气风发，怎样才能找回先贤曾经抵达的精神高度。

从人类文明进程看，这样的时刻往往伴随着文化活力的迸发。尤其是强国大国的历史进程，璀璨炫目的文化成就、蓬勃如初的精神风貌，都生长于全新思考的土壤之上。正有了这种沉思，我们或许可以和罗阳的精神相逢，或许和“天问一号”的哲思相遇，我们又一次秉持山一样的崇高信仰、增强海一样的为民情怀、锤炼铁一样的责任担当、激发火一样的奋斗激情！

钟扬的“种子梦”

人类的英雄闪耀古今。我们正在经历的当下，将会成为未来反复回味的历史片段，任何一个作家或戏剧家的作品都很难超越这历史本身的精彩。翻看再多的人物传记，都不及当下的现实更能让中国年轻人再次思考或重塑自己的英雄观。在关乎选择、担当、情怀和道义的时刻，我们会看到不少闪光的个人和群体，邓稼先、南仁东、罗阳、黄大年、蔡希陶、钟扬，他们宛若星辰一般散射着光辉。从这些当代英雄们的事迹里，我们渐渐体会到使命和奉献是多么可贵，如金子一般闪耀、稀缺。

2017年9月25日凌晨5点多，复旦大学研究生院院长钟扬教授出发去给内蒙古城川民族干部学院做报告，路经鄂尔多斯市鄂托克前旗时，他乘坐的小车和一辆停在路边的铲车相撞，生命戛然而止。接到同事的电话时，钟扬夫人张晓艳正要出门上班，她一下子愣在那里。虽然这些年她一直在祈祷钟扬的平安，不幸之事还是发生了。

有一种喜光、耐寒、耐贫瘠的高山植物——藏菠萝花，生长于海拔4500米以上的山地，花期不过一周，但有一点非常鲜明，发芽后钻出沙石就能开花，成片繁殖，奔放热情，逐雪而上，蔚为壮观。正如钟扬翻译的藏歌所唱："世上多少玲珑的花儿，出没于雕梁画栋；唯有那孤傲的藏菠萝花，在高山砾石间绽放。"

天物芸芸，各复其根。冥冥之中，仿佛有股力量在牵引他，或许，西藏就是钟扬的精神家园，也将成为他的旅途终点。

一株孤傲的高山雪莲

近年来有数据显示，在"共和国勋章"相关讨论中，"贡献者""中国赞""人民英雄"等词语成为关键标签。这意味着，网友追捧这些大科学家、大知识分子作为明星，指向的是他们所代表的科学精神、奉献精神与社会责任感。

钟扬1964年生于湖南，工作在武汉、上海，2000年从中科院武汉所副所长辞职后调到复旦大学担任教授。回首短暂的53个春秋，他的关键词却和"西藏""种子"紧紧联系在一起。

作为一个立志在西藏完成种子梦想的科学家、植物学家，自主进藏开展科研，连续成为中组部第六、七、八批援藏干部，钟扬奋战雪域16年，为西藏大学学科建设、队伍建设作出了巨大贡献。1990年4月26日，他在入党志愿书中这样写道：“我对中国共产党更加坚信不疑，愿为党工作，为革命事业奋斗终身，愿接受党的一切考验。”为什么选择西藏？钟扬认为祖国那些生物资源丰富的地方才是生物学家最应该去的地方，甚至可以说西藏就是特定条件下留给我国科学家的一块研究宝地。

1997年，33岁的钟扬成为武汉植物研究所副所长，中科院系统最年轻的副局级领导干部。2000年，复旦大学生命科学院教授陈家宽问钟扬：“你在武汉已经是副局级干部，父母又在武汉，你下决心跟我来吗？”钟扬毅然回答，“绝不后悔”。在复旦，钟扬与同事们一道实现了生态学博士点、教育部重点实验室和生态学重点学科等从无到有的跨域式发展。

第二年，出于一位生物学家的责任感，钟扬首次报名入藏，想做一个为世界屋脊盘点生物家底的人。自此16年来，他在世界之巅无畏地奔跑，追逐梦想。两个面包、一袋榨菜、一瓶矿泉水，这“老三样”伴随着钟扬的跋涉工作。由于长期高原生活、工作强度大，钟扬出现了心脏肥大、血管脆弱等症状，每分钟心跳仅有40多下，但他科考的脚步从未停止。

他们收集了上千种植物的4000多万颗种子，占西藏高级植物种的1/5，填补了世界种子资源库空白。位于昆明的中国西南野生生物种子资源库，作为亚洲最大的种子库，拥有超过9000种植物的7万份种子，扬名世界三大种子库之一，其中来自青藏高原的种子大部分来自钟扬和他的团队、学生。

有人可能会问，种子还不好采集吗？这里面有巨大的困难。有一次，8000多颗毛桃啃了3天，才把核啃出，当时要求路过他办公室门前的每个人必须帮助消灭7颗。野生的毛桃很难吃，大家可以想象出啃毛桃最多不能超出10颗的囧相。同时，按照国际规范，每个样本都要收集5000颗种子，不同样本种群间的直线距离超过50公里，这就意味着钟扬团队每年要行走3万多公里，有时一天甚至要走800多公里。正如他在《播种未来》的视频里所说："任何生命都有其结束的一天，但我毫不畏惧，因为我的学生会将科学探索之路延续；我们采集的种子，也许会在几百年后的某一天生根发芽，到那时，不知会完成多少人的梦想。"

蜿蜒的拉萨河，奔腾的尼洋河，雄伟的贡嘎山，山岭相连，湖泊如镜，杜鹃花遍野，高山、高原的植被处处充满惊喜，壮阔缤纷的生命画卷逐渐展开。但，种子不是天生长在那里等着人去采集的，需要寻觅、采摘。2011年6月，在他进藏的第11年，他和学生们费尽千辛万苦，终于在海拔6100米以上的珠峰北坡采集到珍贵的鼠麴雪兔子（高山雪莲）样品，刷新了中国植物学家采样攀登到的最高点。有"神树"之誉的西藏巨柏，作为濒危的国家一级重点保护植物，是西藏人制作藏香的重要原料，通常长在悬崖边，周边布满灌丛。钟扬和他的第一个藏族博士生扎西次仁连续3年沿着雅江两岸调查该植物的分布与生长环境。他们将3万多棵巨柏逐一采样、登记造册，还通过研究找到可供制香的替代树以进一步保护珍稀树种。

一个坚韧、奋进、执着的背影穿越时空，一颗颗历经千年的种子被妥善保存，各色的植物被用来装点大地，令人赏心悦目。如一株雪莲卓然立于慷慨的大地上，人的辛劳越发生动壮观！

“为每个民族都培养一个植物学博士”

“很荣幸来到世界最高学府工作。”钟扬到西藏大学和人见面的一句风趣双关语，把大家逗乐了，这句话写实、朴实，一下子缩短了大家与复旦大学知名教授的距离，就像自己人回到了家一般的亲切。

飞絮飞花何处是，层冰积雪严寒。

西藏，在不少人的心中，意味着高寒冷远，当地经济文化与内地特别是和沿海开放城市相比有落差。我曾经作为上海第五批援藏在日喀则工作三年（2007—2010年），对这一点感受特别深。西藏民主改革以来，在党中央的英明领导下，一批批热血青年像钟扬一样甘当先锋者，向更高的珠峰攀登，把生命最宝贵的时光献给祖国最需要的地方。

不是杰出者才做梦，而是善梦者才杰出。钟扬从西藏开始，他不停奔波于西藏、新疆、宁夏和内蒙古等地，成为整个西部教育、科研工作的播种者。2016年他就搭乘了157次飞机，为了节省路途时间，他总是选择最早或最晚的航班。负重前行，成果丰硕：钟扬指导西藏大学申请到历史上第一个国家自然科学基金项目、第一个生态学博士点，帮助西藏大学培养出第一位植物学博士——就在他去世前10多天，西藏大学生态学入选国家“双一流”建设一流学科名单，这是西藏高等教育的重大里程碑。

培养学生就像培育种子一样。一粒，两粒，三粒，千千万万粒微小的珍贵种子终于生根发芽。钟扬更愿意做指路人，不给答案，只给前进的路标。世界分布海拔最高拟南芥的发现是世界屋脊给予他最高的褒奖。受10多年前采样的启发，钟扬不断鼓励学生在拉萨去寻找西藏特有生态的拟南芥。在2013年，他的两个学生许敏和赵宁在堆龙德庆羊达乡海拔4150米的山上，终于找到了貌不惊人却意义非凡的拟南芥。钟扬还热爱科普事业，每个月都去中小学讲课，义务指导中学生做科创项目，实验室也对孩子们开放，不断提取欢乐、激发热爱科学的热情。这些就是教育本质的外化，钟扬早已把为人师的使命化为做人的价值，坚信全心浇灌之下必会绽放希望之花。

一缕晨光照耀大地，无数青山扑面而来。

当代青年，成长于快速发展的和平年代，国家强盛让他们有着更高的奋斗起点，更优渥的生活环境，可以更好地追逐“星辰大海”。钟扬对少数民族学生有着特殊感情，实验室就成了藏族、哈萨克族、回族、维吾尔族等民族大家庭。钟扬总是鼓励大家研究与自己家乡相关的生物学。在他看来，这些学生受到良好的科研训练之后，“就是一颗种子，回到家乡，就能成为靠得住、留得下、用得上的生力军”。

复旦教授的儿子上西藏班

“这个世界上唯有两样东西能让我们的心灵感到深深的震撼，一是我们头顶上灿烂的星空，二是我们心中崇高的道德法则。”康德的名句指引着星空下的心灵。生命的高度绝不止一种形式，人类常常要放弃享受，去艰难地攀登；要在高海拔的极端肮脏的营帐里熬过大部分时光；要一次次地越过无人区，抵达每一个不可能。

大爱无疆。钟扬在西藏和内地之间来回穿梭，每天都安排一份紧凑得不能再紧凑的时刻表，甚至在路途中能有15分钟的睡眠就觉得舒服多了。他无数次从空中俯瞰青藏高原的雄伟壮阔、大开大阖、大河奔流，每一次、每一分钟的停滞和凝视，都能让他顿生仗剑天涯的万丈豪情和身为人师的无限温情。

对于一名共产党员来说，选择什么样的信仰，就燃烧什么样的人生。2015年5月6日，在长海医院重症监护病房里，刚刚跨过生死之门、脑出血初愈的钟扬给党组织写了一封信，其中写道：“在过去的14年间，我走遍了西藏的山山水水，考察当地的生物资源，成了西藏生物多样性和生态环境的‘活地图’。”“就我个人而言，我将矢志不渝地把余生献给西藏建设事业。”就是在这样的情况下，钟扬还为建立高端人才队伍建言献策，这就是大写的人生历程。正是有了这样的精神引领，像钟扬一样的无数科研工作者冲在一线拓荒、甘为人梯奉献，铸就了中国的今时今日，也激励着青年人紧随榜样的步伐，在强国征程中不断筑梦圆梦。

钟扬有一对乳名分别为大毛、小毛的双胞胎儿子。因缘际会，小毛对西藏产生了兴趣。钟扬就把他送去了上海市共康中学，和藏族同学一起住校，学习藏语，希望有一天能继承他的事业。钟扬像其他藏族学生家长一样，每个月给孩子送去生活费。小毛会说第一句藏语时，钟扬特别开心。这就是钟扬的精神源泉，在他的内心深处渴望用一样的生活经历培养出不一样的孩子，不能让他自小就有优越感。只有将小我消弭，在时代洪流中成就大我情怀，这样的人生才能迸射出华丽的光芒，方能不负韶华。

上海海滨的红树林

科学家没有聪明和愚笨之分，天才却恰如流星过空。钟扬的科学分析、经世致用之举往往让人惊叹，时隔多年成为一个个大大的惊喜。他看到上海的海岸线很脆弱，就想到引进红树。红树具有防风消浪、促淤保滩、固岸护堤、净化海水和空气的综合功能。从2005年开始试种，一次，两次，到了第三年，小小红树存活了，甚至连同过去“死去”的红树也焕发生机，本来生长在南方的红树最远到温州的历史从此被改写了。

在钟扬的内心深处有一个大大的梦想。红树林就是钟扬献给上海的礼物。大家可以想象一下，50年甚至100年以后，上海的海滩长满了繁盛的红树，不仅造福后人，更增添“美丽的海滨城市”的美誉。有个学术友人赞美他说，钟扬是“一个有远见卓识的人，从他的眼神，我能看得出来，他能穿透未来”。

万里羌塘壮丽若画，青草萋萋摇曳如歌。只是，跋涉在山水之间，喜欢藏族民歌的钟教授已不在。

不知天在水，清梦压星河。

敲出长三角的新时代鼓点

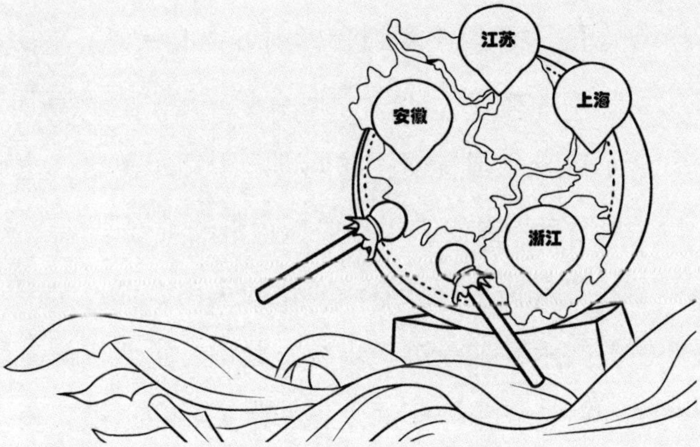

2018年6月1日下午，2018年度长三角地区主要领导座谈会圆满完成各项议程后，举行了成果发布会。伴随着改革开放40周年纪念活动的密集鼓点，历史聚光灯下的长三角坐标越加鲜亮、动人。

这一由习近平提议、筹谋一体化发展的宏伟蓝图正在黄浦江畔，借着滔滔江水，澎湃出新的节奏，把协同创新的潮头推向崭新高度。

时间在加速。

更高质量的一体化发展，敲出长三角的新时代鼓点

长三角地区最重量级的年度会议完美收官。三省一市主要领导悉数参加座谈会并出席成果发布会，《长三角地区一体化发展三年行动计划》发布，27个项目正式签约，10位“大咖”受聘为决策咨询专家……形式创新、成果丰硕，让人们对长三角一体化发展迈向更高质量充满热切的期待。

细心的读者会注意到会标内容很有新意，“推动长三角地区更高质量一体化发展”，充分展现会议主题“聚焦高质量聚力一体化”，充分展示建设全国贯彻新发展理念引领示范区、全球资源配置亚太门户、具有全球竞争力世界级城市群的美好愿景。

这次高规格会议还有一点比较突出，通过学习习近平总书记的最新重要指示精神，进一步统一共识、定调定位、聚焦聚力。习近平总书记对长三角地区的发展非常关心和重视，要求上海发挥龙头带动作用，努力促进长三角地区率先发展、一体化发展。座谈会以习近平总书记重要指示精神为引领，进一步增强了推进长三角一体化发展的思想自觉和行动自觉。大家一致表示，要乘势而进、积极作为，以更加奋发有为的精神状态，推动长三角一体化发展不断取得新成效、新突破。要提高站位、认清使命，按照实现长三角地区更高质量一体化发展的定位要求，推动经济发展质量变革、效率变革、动力变革，增强长三角经济创新力和竞争力，更好引领长江经济带发展，更好服务国家发展大局。

一首美妙的旋律要有不同的分工合作。要加强协同、抓好落实，上海进一步发挥龙头带动作用，苏浙皖各扬所长，有关部门大力支

持，凝心聚力抓好各项任务的落实，不断把长三角一体化进程引向深入。此间观察人士注意到，“龙头带动”和“各扬所长”是近年来的新提法，也是长三角地区积极参与全球资源配置、全球竞争雁阵的最新排序。通过三省一市主要领导表态，均已认识到上海的龙头带动作用是不可替代的，不能简单以一个城市经济发展的总量论英雄，还要有全球竞争考量和国内综合考量。要看到各自“所长”的历史基础和现实根基。其实，龙头更需要发挥带动、辐射、影响作用，着眼于辐射来集聚城市群的力量，变一般意义上的吸引、集聚为具备强大现代服务能力的辐射，是长三角一体化发展中赋予上海“龙头带动”的“特殊地位”的重心所在、使命所系、各方所盼。

世界从哥伦布时代开始就连为一体了，格局、立意、襟怀已成为我们看问题、做事情的基本出发点和战略思维。站在世界层面谋篇布局、统筹国内国际两个大局，不仅折射出发展的自信与底气，更折射出共产党人的韬略雄心。这次高层次座谈会，立足长三角、胸怀大文章，面对区域性资源、全球性资源，通过对经济发展、区域发展的战略思考，不仅体现在相互的战略合作上，更体现在协同发展的相互转化中，用好发展机遇、用足发展政策、拓展发展空间；从认识世界的向往，到走向世界的渴望，再到区域协同的激荡中需求“全球定位”做参照，用“世界时间”做坐标，不仅在更深层次、更广范围与世界相连，更体现在用更高质量的一体化发展定义属于自己的现在和未来。

座谈会之前，长三角三省一市领导考察参观了上汽、蔚来、威马新能源汽车展示，都打开了社会活力的闸门，给予在长三角地区谋划发展的创新创业创造提供了无穷的想象空间与扩容平台。从签约项目看，政府—政府层面5个，政府—企业层面2个，企事业—企业层面4个，蕴含着未来发展新势力、科技新潮流的基因。

跨区域的集中办公，本身就是一种胸怀和突破。从站高一步想区域协同发展，到后退一步谋自身领域变革，从全局中反观一己之得失，从一体化发展的实质举措中多一份自觉、多一点行动。组织力的变革亟须提升机制创新的能级。既然分散的热量难以集中为宏大的动能，那么，聚焦高质量、聚力一体化的共识将会推动我们走出地域之限，迎来区域协调发展的美好未来。

世界级城市群的雄心壮志

其实，物理空间没有变，是社会在变化，是人在发展变化。

——这是改革开放40周年再出发、再推进的重要节点。在全球竞争日益激烈的环境下，在经济发展与规则反制之间，国家的经济造血能力、组织行为能力以及行政管理效率都在持续发展、增强。透过40年棱镜去观照长三角的集体行动，不难理解其中加速快跑的时代意味和急促哨音。

2018年3月6日，中共中央政治局委员、上海市委书记李强在全国两会上回答媒体“长三角地区一体化发展、率先发展的大文章里，上海怎么谋划推动，下一步将采取哪些具体措施”时透露，长三角主要领导座谈会上半年将在上海举行，正抓紧前期准备工作，把一体化发展中最重要、最紧迫的事情列出来，在会议上商量好，真正体现整体谋划、务实推进。

在李强看来，上海作为全国最大的经济中心城市，其使命不只体现在自身发展的水平上，更重要的是服务全国大局，代表国家参与全球合作竞争。上海干部要“紧抓每一天，奋发求作为”，而长三角正是上海需要“奋发求作为”的所在之一，上海能否在长三角一体化事务中发挥独特且实质性作用，体现领会和贯彻中央意图的水平，正是上海的特殊定位，亦是携手长三角城市群合作共商、共享、建设世界级城市群的必由之路。从年初的大调研到皖苏浙“走亲戚”，从北京到长三角，无不表明长三角一体化发展到了全面深化阶段。

1月12日，沪苏浙皖三省一市党政主要领导齐聚苏州共商合作大事。2月12日，李强、应勇会见舟山党政代表团。4月9日，会见南通市党政代表团。4月25日，会见苏州市党政代表团。5月23日，会见嘉兴市党政代表团。这些会谈会见无不是具体举措的再次磋商，无不是贯彻中央意图、统一步调的仔细对表。

——这是守正出新、博采众长的重要载体。长三角地区主要领导定期会晤机制的设立，源自2003年3月时任浙江省委书记习近平的建议。作为区域合作协调机制中最重量级的会议，2005年至今，这一由各省市轮流举办的座谈会已历经13年。10多年间，承载着决策重任的座谈会不仅致力于打破行政界限，推动区域经济一体化和打造世界级城市群，也是国家战略的坚定执行者。

区域合作发展是大趋势大方向，如何发挥好长三角三省一市各自优势，在已有的良好合作基础上再深化、再提升，不断增强长三角区域的竞争力？4月9日，李强在与民盟中央来沪调研组座谈时提出，“我们深深感到，长三角一体化已经到了全面深化的关键阶段，必须始终围绕国家大局、服务国家战略，努力实现高质量发展，更好代表国家参与国际合作竞争"。这就需要共同谋划发展大计、放大示范创新效应、承接上海"溢出效应"、发挥带动作用。当然，一体化不是一样化，在多样性中才能拓展发展的空间、提升发展的层次、增强竞争的活力。

——这是区域互动、携手共进的时代典范。长三角地区是我国经济最具活力、开放程度最高、创新能力最强的区域之一。城市治理系统有效率的前提是发展共识、社会动员、组织能力的形成。时任浙江省委书记的习近平于2003年3月21日开始首次率团对上海、江苏学习考察，就表达了明确的意图：虚心学习、加强合作、发挥优势、实现共赢，这些举措开启了长三角发展的新航道。

重量级会议已充分彰显出建设世界级城市群的雄心壮志。

新的"长三角人"

作为统筹谋划长三角一体化发展的高级别会议，13次座谈会聚焦的议题主要有两方面：总结当年合作成果；结合宏观形势，讨论来年甚至更长时间内区域发展重大战略，研究决策各省市间合作与交流的总体思路和着力推进的重点工作。一系列决策、部署的背后，是携手共建"世界级城市群"的信心、恒心和决心。

时代不可辜负。

推进长三角一体化发展还需要有"再出发"的理念与规划，需要有建设区域协调发展的体系与共享，更要有参与全球竞争的胆识与襟怀。

首先，区域的协调发展，既需要"过程哲学"，也需要"加速度”。要满足人民对美好生活的向往，必须把握好改革开放这关键一招。解决难题，想一夜解决，一天进入新境界，不现实，也不可能。

改革开放40周年之际，上海正以“等不起”的紧迫感、“慢不得”的危机感、“坐不住”的责任感，快马加鞭、奋楫扬帆。苏浙皖和上海的互动联动频频，从小区域、小领域，特别是涉及民生、规划、交通等具体专题项目入手，按照“创新引领率先实现东部地区优先发展”总要求的喜讯连连，比如这边金山平湖“跨界”发展悄然展开，那边崇明规划预留过江通道，与南通飞地共建城镇圈、“上海第三机场”……一连串的举动充满大胆想象，又孕育协同新曲。毕竟，现在不需要太多的繁文缛节、路演推演，而需要一步一个脚印，“长三角人”的公众期待也在一步一个脚印的扎实铺陈中与现实对接。

其次，区域的协调发展，既需要高质量发展，也需要高品质生活。5月8日，上海市委常委会举行会议，传达学习贯彻习近平总书记关于推动长三角更高质量一体化发展的重要指示。推动长三角地区实现更高质量的一体化发展，是中央要求，也是上海提升城市能级和核心竞争力的重要载体、使命所在。长三角三省一市将深度对接发展规划，加强国家重大战略和改革协同，提升专题合作质量，深化区域一体化市场建设，创新做实区域合作机制。

高品质生活首先是享有高品质的环境。现代城市群的发展，需要科学的顶层设计、温馨的宜居家园和精确的末端治理。以太湖为例，水污染治理牵动环太湖流域的千家万户。从道理到道路，从文化到温度，从污染防治协作到区域发展协同，越是朝实质的一体化迈进一步，越需要解放思想、站高一步，越需要把握好节奏、把握好节点。

最后，区域的协调发展，既需要一体化战略协同，也需要积极参与全球合作竞争。舟楫相闻，舳舻千里。加快推进长三角一体化发展，既是大势所趋，也是内在要求。风物长宜放眼量，观鱼胜过长三角。黄浦江外是浩瀚的太平洋。沪苏浙皖地域面积35.9万平方公里，常住人口2.2亿，经济总量19.5万亿元、占到全国的23.7%，作为跻身国际公认的六大世界级城市群之一，长三角在世界经济版图中可谓是举足轻重、占有重要一席之地，亟须对标国际、对标最好、对标最强，不断提高区域发展水平、发展质量和竞争力能级，真正成为能够在全球配置资源的亚太门户。

“做一分便是一分，做一寸便是一寸。”每一代人都是历史进程的重要一环，每个城市都是区域发展不可或缺的环节。长三角发展如同渡河，亦如同攀登高峰，每一个创新举措、每一个创新者都在于负重前行、永不停滞的坚持，都在久久为功的累积中完成垒石搭桥的历史使命。

长三角一体化晋升国家战略的“高光时刻”

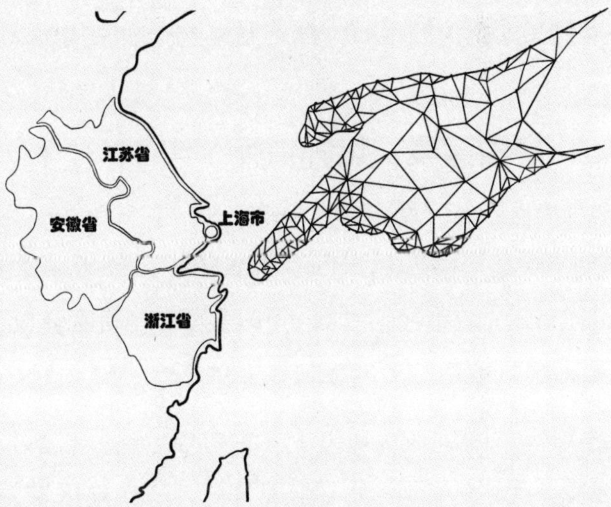

长江三角洲城市群是我国最发达、城镇集聚程度最高的地区，以仅占国土2.1%的面积，集中了全国约25%的经济总量，被视为中国经济发展的重要引擎，是我国经济发展战略布局中的重要着眼点、着力点和发力点。

2018年11月5日，国家主席习近平在首届中国国际进口博览会开幕式上宣布，将增设中国上海自由贸易试验区的新片区、在上海证券交易所设立科创板并试点注册制、支持长江三角洲区域一体化发展并上升为国家战略。这意味着，继“一带一路”倡议、京津冀协同发展、长江经济带发展、粤港澳大湾区建设之后，长三角区域一体化将成为由习近平亲自谋划、部署和推动的又一个国家战略，也彰显了我国以更大力度推进改革开放的决心。

虑远者恒久，谋全域者得大局。改革开放已进入新时代，上海要推进更高层次、更深领域的开放，代表国家参与国际竞争，带动形成更高层次改革开放新格局，实现共同发展，就必须承担好、服务好长江三角洲区域一体化发展这一国家战略。

中国背景，世界情怀

长三角的区域协同发展起步早，推进稳步有序。从1992年长三角15个城市经济协作办主任第一次联席会议，到2018年《长三角地区一体化发展三年行动计划（2018—2020年）》编制完成，长三角的一体化大致经历了五个历史节点。目前，长三角已经形成以完善市场主导的资源要素配置机制，构建区域统一市场、降低要素和产品空间移动的广义运输成本，以及实现区域与城市间互联互通、共治共享为目标的区域一体化发展战略的主体思路和行动计划，同时形成了比较成熟的协同治理框架。

国家战略任务的提出和交付，充分体现了党中央对上海的无比信任，极大提振上海建设社会主义超大城市的发展信心，拓展了上海城市发展的政策空间与心理空间，给长三角一体化发展注入了强大动能。

这是一种前所未有的强劲之力。“要在推动长三角更高质量一体化发展中进一步发挥龙头带动作用，把长三角一体化发展的文章做好，使之成为我国发展强劲活跃的增长极。”在黄浦江畔，习近平传递中国坚持扩大开放顺应历史大势的最强音，彰显中国经济无惧风雨搏击大海的自信，极大地提振了上海这个长三角一体化区域发展龙头城市的雄心壮志。

2018年11月6日，习近平来到上海中心大厦119层观光厅，俯瞰上海城市风貌。他深情地表示，改革开放以来，中国发生了翻天覆地的变化，上海就是一个生动例证。

2010年，中国经济总量超越日本，跃居世界第二。2018年9月最新排名显示，上海首次取代老牌全球金融中心东京，跻身全球金融中心前五行列。这是经济发展核心竞争力与发展潜力的整体超越，不仅带给我们更多信心，也代表着纷繁复杂的形势下，世界对上海的肯定，这是对中国发展前景投下的信任票。结合这次党中央支持的国家战略，上海作为长三角区域一体化发展的龙头带动作用越发清晰、越发强烈。

习近平强调，上海在党和国家工作全局中具有十分重要的地位，做好上海工作要有大局意识、全局观念，在服务全国中发展上海。大局意识、全局观念，这两个词就是理解做好上海工作的重要字眼，都涉及“局”。这就要求在这个大局、全局中，理解和领悟自身发展的定位，从中国发展的角度去探索建设有中国背景和世界情怀的全球城市。实际上，这个即将成为“具有世界影响力的社会主义现代化国际大都市”，它的成长坐标不仅是中国背景，更应从世界最好标准中汲取智慧，从国际对标中注入东方元素。

确实，伴随着改革开放40余年的风雨兼程，上海的崛起有着一股不可阻挡的浩荡之力，这股推动力源自上海是中国之上海。国家战略的定位，是长三角区域一体化发展的重要节点，是以上海为龙头带动作用的区域地理特征和发展特质的最新表述，是对长三角一体化区域发展前期工作的肯定嘉许与定位提升，不仅蕴含着新时代征程中不断超越的精神伟力，更彰显着在这片改革开放热土上创新引领的家国情怀。

纵深发展，勇挑重担

国家战略任务的提出和交付，孜孜策励上海勇挑重担、不断推动上海改革开放向纵深发展。

短短的4天行程，不同寻常，习近平既出席国际盛会发表重要讲话，又对上海考察提出重要要求；既有对国家战略任务的权重增加和把舵定航，又对上海未来发展饱含深情和冀望期许。其中，支持长江三角洲区域一体化发展并上升为国家战略，是新时代党中央优化完善中国改革开放空间布局的一个大招、一着大棋，也是推动上海改革开放纵深发展的有力举措。

习近平在上海考察时对上海提出5方面工作要求，要求把实施长江三角洲区域一体化发展战略等3项新的重大任务完成好，上海要勇挑最重担子、啃最难啃骨头。重担和难啃，是两个鲜明生动地点出上海勇于担当的程度用词。

勇挑最重担子，前提是要有勇气。长三角作为我国经济最具活力、开放程度最高、创新能力最强、吸纳外来人口最多的区域之一，在国家现代化建设大局和全方位开放格局中具有举足轻重的战略地位，上海作为龙头带动作用的超大城市，地位和作用不言而喻。长三角是我国对内对外两个发展扇面的关键枢纽，区域一体化的建设程度如何直接影响国家发展格局。与此同时，上海的发展禀赋和特色优势，只有在长三角命运共同体建设中才能完美与共，上海作为发挥龙头带动作用的超大城市责无旁贷。上海市委提出要锻造具有“充满激情、富于创造、敢于担当”的上海特质好干部，其出发点就是要激发上海干部投身改革开放再出发与干事创业的勇气激情。

啃最难啃的骨头，前提是找到哪些是最难啃的骨头。从成本驱动转向创新驱动，从单纯的资源竞争、技术竞争转向制度创新竞争，衡量的标准就是一条，那就是实现“更好为全国改革发展大局服务”；其次是拆除那些拦阻改革开放深化的利益藩篱和破除不适合形势发展的陈旧观念，切实将以人民为中心的发展思想落地生根、开花结果，最终形成“可复制、可推广”的经验做法，推进国家治理体系和治理能力现代化。

理解上海今天所处的历史方位，需要我们透过时间的维度去追寻，也需要站在未来的空间布局去审视。

大道至简，实干为要。

目前，新设的长三角生态绿色一体化发展示范区（简称一体化发展示范区）是我国第一次跨省建立的以经济社会的全面高质量发展为目标的一体化发展示范区。这既是长三角一体化发展的必然趋势与内在要求，也是我国区域经济协调发展的一大创举。从长三角一体化区域发展主要领导座谈会到上升为国家战略再到一体化办公、扎实推进，长三角的向心力和辐射力正在集聚、整合和显现，上海的改革开放排头兵、创新发展先行者角色，日益鲜明、愈发重要，长三角一体化区域发展必将焕发出强大生机活力并不断开辟新境界。

这一切，恰如春风已过天地宽。

临港万里襟怀阔

2019年8月20日上午，上海市委书记李强在临港办公中心为中国（上海）自由贸易试验区临港新片区揭牌。同日，市人民政府网站上发布《中国（上海）自由贸易试验区临港新片区管理办法》，自2019年8月20日施行。这标志着习近平总书记交给上海的三项新的重大任务全部进入施工期，标志着临港新片区的蓝图已经绘就，开发建设的征程已经开启，临港新片区将建设成为新时代改革开放的新标杆。

新片区落子临港，这一喜讯对临港、上海、长三角乃至于全国来说，都是一个新的机遇。打造更具国际影响力的特殊经济功能区，以投资贸易自由化为核心的制度创新将日益显示出巨大的功效。

用“胸怀两个大局”领悟临港新片区建设的“大格局”

近30年前，东方风来满眼春，浦东热土人才荟萃，浦东成为中国改革开放的一张王牌、一座桥头堡。目前，世界500强企业纷纷入驻浦东。近悦远来，可以说，是创业的激情吸引了全球人才，是“改变自己、助力上海、服务全国、影响世界”的理念推动了浦东近30年的快速发展。

30年前勇吃“第一只螃蟹”的创新态度和举动，在某种程度上影响了上海城市的精神向度。在遵守法度、谨慎从事的海派文化之下敢于“螺蛳壳里做道场”，综合来看，得益于浦东人“想做事、想做大事”的精神出发点和“办成事、事办好”的衡量标准这两条创新基因。有了这两条基因，上海才能做到“后来居上”的战略站位，真正体现出共和国王牌的作用和价值。

不谋全局者不足以谋一域，不谋万世者不足以谋一时。

思考问题、谋划工作都需要胸怀大局，这样才不会迷失在纷繁复杂的现象中，才能够透过现象看到本质和规律。习近平总书记指出，领导干部要胸怀两个大局，一个是中华民族伟大复兴的战略全局，一个是世界百年未有之大变局，这是我们谋划工作的基本出发点。看清这两个大局及其相互作用的态势，有助于我们精准定位中国所处的历史坐标与世界坐标，有助于领会上海工作坚持“四个放在”，从而在干事创业时自觉胸怀大局、在谋划工作时自觉服从大局。这一点对于我们加深理解临港新片区建设的重大意义尤为重要。

胸怀两个大局，我们就会发现，虽然面临的国际形势日趋错综复杂，但我国发展仍处于并将长期处于重要战略机遇期，深化改革、扩大开放的脚步不会迟疑，迈向高质量发展的趋势不会改变。因此，当下最重要的就是保持战略定力，谋定而后动，厚积而薄发，集中力量做好自己的事情。对一个真正要实现国际化的城市来说，不应从特殊的区域本位出发来思考问题，而应从全球战略的高度来形成并实施具体策略。我们常常讨论中国企业“走出去”、国际企业“引进来”，问题或许应该是在黄浦江畔如何建立“全球企业”系列，然后再如何面向世界布局。

中国（上海）自由贸易试验区临港新片区规划范围为上海大治河以南、金汇港以东以及小洋山岛、浦东国际机场南侧区域。按照“整体规划、分步实施”原则，先行启动南汇新城、临港装备产业区、小洋山岛、浦东机场南侧等区域，面积为119.5平方公里。

这个区域承接浦东陆家嘴延伸过来的经济活力，正好弥补了大小洋山远离市区的不足，在战略布局上具有无限春光。

当然，从制度创新上承担的任务更重。这次增设新片区，不是简单的扩区，不是现有的政策平移，而是全方位、深层次、根本性的制度创新变革。临港加入上海自贸试验区大家庭，临港企业可以遵循自贸区规则开展经营活动。临港新片区的加入，既有政策施展的物理空间，又有改革深化的试验空间，其用意在于，既要传承可复制可推广政策创新惯例要求，又普遍带有先行先试的政策高地特征，从五大关键领域核心环节生产研发的征税减税到“人才新政”

等，处处彰显出在更高起点上推进改革开放的决心和力度。

临港发展之“潮”

“善战者，求之于势”，正是凝聚在将改革开放进行到底的旗帜下，我们才能创造中国奇迹，才能熔铸时代精神，以千钧笔力书写新传奇。在临港新片区新闻通气会上，临港新片区管委会常务副主任表示，聚焦亟须突破但其他地区尚不具备实施条件的关键领域，放开手脚更大胆地闯、更大胆地试、更自主地改，全力把新片区打造成中国全面深化改革开放的新引擎。

从20世纪的经济增长时代进入21世纪的可持续发展时代，人们越来越多地认识到全球城市发展需要经济功能的竞争力、较强的可持续发展竞争力两个系统的双向互动、相互支撑。从传统的经济意义的城市到未来全面发展的城市，绝不是沿着原来的延长线简单做加法，而是要上一个台阶，在新的起点上做非线性发展、综合型发展。

弄潮儿向潮头立。基于新片区的期待，不妨从“特”和“最”发展实践去把握新片区的运行机制和内在逻辑，深刻理解我们党驾驭和推动经济创新活动的非凡智慧和高超方略。

比如，兜底条款方面有“从优”政策，着力打造最高水平对外开放的新高地。对于企业和个人的支持力度优于这次政策，新片区按照“政策从优”原则，普遍适用。时任上海市常务副市长陈寅举例说，特殊政策赋予了新片区更大的改革自主权。原则上，上海的重大改革举措优先在新片区试点，上海支持浦东新区改革开放再出发的政策举措，在新片区全部适用。对标最高水平的国际经贸规则，充分发挥上海资源禀赋和开放优势，推动新片区形成与国际通行规则相衔接的新的制度框架，增强我国在国际经贸规则重构中的话语权。建设全球城市过程中，人才对城市竞争力的增强具有“绑架”意义，在发展战略上已从工业城市的人追随商业模式转入创新城市的商业追随人的模式。但搞全球城市是倒过来的，变成了商业追随人才，跨国公司追求的是有创新创意潜力的高质量人才，而这些人才追随的是城市城区的质量。

比如，推动金融开放优化落地，打造金融开放创新的新高地。世界经济发展的一个明显趋势，就是包含金融在内的各类生产要素、资源要素在全球范围内越来越广泛流动，如水银泻地，可疏不可堵。2019年8月，国务院金融稳定发展委员会办公室发布的11项开放措施，“优先”在上海自贸区新片区落地。这就意味着新片区将试行更加开放、更加便利、更加自由的金融政策，建设金融开放创新的新高地。

比如，进一步优化法制营商环境，着力打造最能创新突破的改革开放试验田。临港新片区属于自贸试验区范围，着力于打造法制化、国际化、便利化的营商环境，“自然适用”自贸试验区外商投资准入特别管理措施（负面清单）。上海有关“四个中心”与科创中心的研究与政策是分列的，思考上海改革开放再出发、临港新片区建设，需要破解上海经济社会发展如何支持科技创新的话题，要将上海的发展禀赋与前期优势转化成为创新发展的综合优势、制度创新的新优势，通过融合释放出乘数倍增的效应，全面开展差异化、系统性的制度创新和功能重构。

比如，着眼于产业聚焦和产业集群，打造最自由的开放型经济体系。大力发展新型国际贸易、跨境金融服务、前沿科技研发、高端国际航运，促进开放型经济功能高度集聚；聚焦人工智能、集成电路、生物医药、航空航天等“卡脖子”的重点产业，着力打造一批代表中国参与国际竞争的世界级产业集群。关键是把“6 + 2”的开放政策和制度落实好。

再比如，着力推进试点，同时坚持“管得更好才能放得更开”。上海已把各项任务举措细化为三大类78项安排，完成新片区管理办法、特殊支持政策、政务服务方案等准备工作，做到“两个优先”，即“推动重大改革举措有现在新片区试点，符合新片区产业定位的重大项目优先在新片区布局”，从中体现高质量发展的内在要求。

推动国际贸易产业链和先进制造业产业链深度融合

要在新一轮改革开放中逆风飞扬，首要的是保持清醒的“排头兵”“试验田”角色意识，牢记使命，勇于创新，敢于担当，顽强奋斗。如何产业引导、适应、融入潮流，既是中国与世界的关系描述，也是浦东开发开放、临港试验田未来30年发展的最好注脚。

中国的超大规模制造业能力决定了中国在世界秩序中的特殊地位，推动着中国与世界秩序的共生演化。制造业是国民经济的支柱，更是国际竞争的主战场。实现制造业高质量发展，就要推动先进制造业和国际贸易深度融合，促进研发、制造、物流、金融服务等上下游繁荣发展、做大做强，进而在产业生态良性互动的系统之中提升制造业在全球产业链、创新链、价值链中的地位和作用。

临港新片区的区位优势得天独厚。未来新片区既能发挥洋山深水港和浦东国际空港的国际通道优势，又能与临港现有的产业基础和城区品牌进行整合，符合国际贸易产业链和先进制造业产业链相融合的产业发展趋势。新片区的制度创新和优化营商环境举措将更集中、更精准地与国际高端要素聚集、高端产业功能培育、产业链及产业集群发展相结合。

临港新片区的国际通道优势十分明显。《中国（上海）自由贸易试验区临港新片区总体方案》指出，临港新片区将实施具有较强国际市场竞争力的开放政策和制度，加大开放型经济的风险压力测试，实现新片区与境外投资经营便利、货物自由进出、资金流动便利、运输高度开放、人员自由执业、信息快捷联通，打造更具国际市场影响力和竞争力的特殊经济功能区。根据《方案》，从发挥洋山深水港、浦东国际空港的国际通道优势，叠加“五大自由”的更具国际市场影响力和竞争力的特殊经济功能区政策优势，将再一次点燃创新创业的激情，重拾浦东开发开放之初的壮志豪情、重新组合、重新赋能，充分展现出上海创新创造的快速度、加速度！

临港新片区参与国际产业发展的竞合趋势显著。这次一下子拿出近120平方公里的宝贵资源，没有冠名“特区”的“特”区，肯定给上海参与进行国际竞争赋予了无穷想象空间，要求新片区既能发挥现有的产业基础和城区产业品牌，同时又符合国际贸易产业链和先进制造业产业链相融合的产业发展趋势，迎风而立、一展宏图。

在关注产业发展的同时，也应汲取以往科技园区、成片开发的经验与教训，确保文化的因子落地生根，建设一座有温度、可阅读的城区。从20世纪90年代开始，纽约、伦敦等全球城市开始形成高度的功能分工、连接和集成，随后将文化人文、科技创新、区域合作等功能逐步加入，这一点对于临港乃至上海的发展很有借鉴意义。对于“五个中心”建设再加上“三项新的重要任务”，上海要形成新的城市集群连接、互动，才能支撑全球资源配置的新功能和新作用发挥，只有在这个城市功能演进的历史方位中才能找到新一轮发展的坐标。

阿基米德曾说：“给我一个支点，我就能撬动整个地球。”不管物体体积多大、重量多重，只要找到支点、用对方法，就能撬动它。当下，上海需要继承海纳百川的开放传统，积极融入全球、配置全球乃至参与制定全球游戏规则，成为更宽领域、更高层次全球合作竞争的“得分手”。而自贸区新片区建设，就提供一个富于想象力的视角、空间和平台。

沿海如弓，长江如箭，临港如镞。

位于上海最东南的临港，将扮演承载国家战略的“支点”角色，谱写出中国对外开放的追梦华章。

全球抗疫的中国决心

疫情无国界，患难见真情。2020年3月21日新华社播发，国家主席习近平日前分别致电西班牙国王费利佩六世、德国总理默克尔、法国总统马克龙、塞尔维亚总统武契奇，就上述国家发生新冠肺炎疫情，代表中国政府和中国人民表示诚挚慰问。

中国政府已经宣布向80多个国家和世卫组织、非盟提供援助，菲律宾、格鲁吉亚、捷克、南非等多国对中国提供物资和分享抗疫经验表示感谢。捷克总统泽曼表示谢意、委内瑞拉副总统连说四个

“感谢”，塞尔维亚总统武契奇更在五星红旗上献上深情一吻。

当今世界已经成为你中有我、我中有你的地球村。党的十八大以来，以习近平同志为核心的党中央深入分析国际形势的演变规律，顺应互联互通的世界大势，提出共商共建共享的全球治理观。在疫情抗击过程中，中国元首外交推动全球战“疫”合作，特别是国家领导人致电慰问、医疗支援、物资支持等无不传递出并肩作战、共克时艰的深厚情谊和责任担当。

英国知名社会学者马丁·阿尔布劳说，中国在应对新冠肺炎疫情中付出的巨大努力，堪称世界典范，中国正以自身行动诠释构建人类命运共同体的重要性和所扮演的主要角色。

放眼当今世界，国际格局加速演变、力量对比此起彼伏，世界秩序重新洗牌、科技进步日新月异，正酝酿着一场革命性变革，深刻重塑着世界的面貌。这突袭而止的新冠肺炎疫情将加速改变全球治理格局。全球疫情防控折射全球治理，应对全球疫情大考同样需要洞察大势、科学经略。中国方案便是立足“中国之治”。正如中华人民共和国成立不久，毛泽东满怀信心地说，“中国应当对于人类有较大的贡献”。

积极应对“大考”，统筹做好疫情防控和经济社会发展

一代人有一代人的责任，一代人也有一代人的挑战和担当。在这场没有硝烟的战斗中，中国共产党人的忧患意识不仅体现在及时果断阻止疫情蔓延的重大决策上，采取最全面、最严格、最彻底的

防控举措上，更鲜明体现在统筹疫情防控和经济社会发展的大局掌控上。运用科学方法精准施策，发挥好优势、体现出优势是中国共产党的领导力、组织力、动员力所在，更是我们争取疫情防控斗争胜利的强大秘密武器，是“中国之治”的密码。

大考当前，树立必胜之心、责任之心。党的领导制度是我国的根本领导制度，是实现疫情防控治理的坚强政治保障。新冠肺炎疫情暴发后，党中央高度重视，审时度势、综合研判，迅速作出部署，及时提出坚定信心、同舟共济、科学防治、精准施策的总要求，明确了坚决遏制疫情蔓延势头、坚决打赢疫情防控阻击战的总目标。

2020年3月18日，习近平主持召开中央政治局常委会会议并发表重要讲话。这是自庚子年大年初一以来他主持召开的第7次中央政治局常委会会议。54天时间连续召开7次会议，全力应对前所未有的重大突发公共卫生事件，专题研究疫情防控和复工复产工作，这在党的历史上还是第一次。这段时间以来，中央应对疫情工作领导小组高效运转，及时贯彻顶层设计理念、构建起疫情防控系统治理机制；指导组压在一线、坐镇武汉，推进全面统筹协同，在较短时间内举全国之力，整合力量、全力抗击疫情，实现有重点、有差异、分层次、抓协作的社会治理。在疫情形势趋缓后，更是统筹好疫情防控和复工复产，蹄疾而步稳。

在国家治理体系的大棋局中，党中央是坐镇军帐中的“帅”，车马炮各展其长，一盘棋大局分明。在这场没有硝烟的战场上，无数人民群众的壮举、善举，在于一线的广大医务工作者、解放军指战员、社区工作者、公安干警、基层干部、下沉干部、志愿者和患者群众和社区居民，他们让我们一次又一次动容，最美逆行者、志愿者、捐款者、战斗者等一次又一次振奋国人，“最美逆行者”的身影一队接一队，无惧艰险、迎难而上，他们是中国、中华民族的脊梁，他们是民族精神中最为亮丽的时代精华。

现代政治中，最关键的一点就是执政者能够切实为国家和人民谋利益，为本国的文明进程添砖瓦，为推动经济发展、科技进步贡献力量。疫情进入新阶段后，党中央又适时推动非疫情防控重点地区企事业单位复工复产，恢复生产生活秩序，减少、化解、弥补疫情对经济发展的冲击。

敢于担当，增强仁爱之心、谨慎之心。统筹推进疫情防控和经济社会发展，既要权衡利弊，又要敢于担当做出正确选择，是一项复杂的系统工程。各项疫情防控工作紧张有序，企事业单位复工复产循道而行，在大考大险面前，仍然需要时刻保持仁爱之心、谨慎之心，如履薄冰，既有心细如发的机敏、更有一叶知秋的敏锐；既高度警惕和防范区域内的重大风险，也密切关注全局性重大风险。尤其在海外疫情弥漫的重重压力之下，外控输入风险空前递增，唯有不断克服麻痹思想、厌战情绪、侥幸心理、松劲心态，保持底线思维，方能一抓到底，号召社会不同群体、各个阶层和各方力量共克时艰，直至取得最后胜利。

“寰球同此凉热”，勠力推进人类命运共同体建设

人类是命运共同体，唯有团结协作才能战胜这一前所未有的公共卫生安全挑战。在统筹推进疫情联防联控和经济社会发展工作取得积极成效的同时，我们也面临着不少新情况新问题，特别是境外

新冠肺炎疫情扩散蔓延及其对世界经济产生不利影响，也给我国疫情防控和经济发展带来新的挑战。在“四海翻腾云水怒，五洲震荡风雷激”之中，中国共产党人矢志以天下为己任，深入推进人类命运共同体建设，努力追求“太平世界，寰球同此凉热”的大同理想。

全球防控的“责任大国”。世界是一个“地球村”，人类共有一个家园。没有哪个国家能够独自应对人类面临的各种挑战，各国相互依存、休戚与共。习近平指出，人类命运共同体，顾名思义，就是每个民族、每个国家的前途命运都紧紧联系在一起，应该风雨同舟，荣辱与共，努力把我们生于斯、长于斯的这个星球建成一个和睦的大家庭，把世界各国人民对美好生活的向往变成现实。

新冠肺炎疫情暴发后，中国政府及时向世界卫生组织等国际组织通报，积极主动同国际社会开展合作和信息交流，迅速分享部分毒株全基因组序列，研制成功快速检测试剂盒，努力防止疫情在世界蔓延，为全世界防控疫情赢得宝贵时间。中国专家团队奔赴国外抗击疫情前线，更是画出了一道道“最美逆行之弧”。

担当“文化交流使者”的优秀诗文互往也让我们耳熟能详。疫情初袭之时，来自海外的诗文让人感觉到力量：“山川异域，风月同天”“岂曰无衣，与子同裳”“青山一道同云雨，明月何曾是两乡”；我们支援海外的物资上面也写下了这样的诗句：“昨夜寄君辽海月，春来放歌富士山”“鲸波万里，一苇可航”“出入相友，守望相助”“岁寒松柏，长毋相忘”，让人动容。

中国派医疗专家组前往意大利、伊朗、塞尔维亚等国指导疫情防控，协助提升防控效果，维护人民生命健康福祉。英国剑桥大学病毒学及临床微生物学教授拉温德拉·古普塔表示，“中国政府和相关机构是以公开的态度，与世界其他国家共享相关新冠病毒的信息，以便全球研究人员能够共同努力遏制病毒的传播，并且有效掌握病毒在生物学方面的特征和遗传基因序列信息。这都是非常积极的贡献”。

联合抗疫的心手相连。习近平主席在致法国总统慰问电中指出，公共卫生安全是人类面临的共同挑战。一个伟大的政党除了领导和团结带领本国人民探索最适合自己的道路，更为前瞻的是，具有先进性，精准把握世界局势的变化、科技的变化发展，精准预见到人类共同面对的难题，顺应时代之潮，展示出高效应对能力、强大动员能力和非凡的治理效能。邓小平曾说，“我荣幸地以中华民族一员的资格，而成为世界的公民”。在全球化时代，各国命运相连、休戚相关，人类社会本身就是一个“你中有我、我中有你”的共同体。

习近平主席应邀同10多个国家领导人通话，同专程访华的柬埔寨首相、蒙古国总统、世界卫生组织总干事举行会谈会见。“患难见真情”“团结就是力量”“阳光总在风雨后”，截至2020年3月20日，习近平在19通电话、5封慰问电、4场会见会谈、2封信函等外事互动中，既介绍中国疫情防控举措、进展，分享疫情防控的做法经验，表达与国际社会休戚与共的中国情谊，又向世界传递战胜疫情的信心，处处体察面对大“疫”的悲天悯怀，时时彰显携手应对的勠力同心，推动构建人类命运共同体。

命运与共的“风月同天”。“一个聪明的民族，从灾难的错误中学到的东西会比平时多得多。”越是在最艰难的时刻坚持携手向前、砥砺互助，越能为下一步发展换取巨大的公信力和凝聚力。

习近平指出，战胜关乎各国人民安危的疫病，团结合作是最有力的武器。新冠肺炎疫情发生后，中国得到外国政府、各界人士以及国际组织的物资援助。东瀛的优美诗文、大洋彼岸华人华侨的捐助等，诸多感人的故事，令人感动难忘。世界卫生组织总干事谭德塞表示，中国很多有力的行动和措施减缓了疫情传播，为世界提供了宝贵的窗口期。巴基斯坦总理伊姆兰·汗表示，整个世界都感谢并赞赏中方应对疫情的努力与成效。德国外长马斯认为，中国政府采取的公开、透明、合作态度以及有力、有效措施令人钦佩。

谋求世界大同，积极参与全球治理秩序

历史和现实都告诉我们，在现代化关键期，能否顺利转型乘势而上，绝不能因既往成就遮蔽了视线，也不能因既定格局束缚了手脚，在中国特色社会主义的大道之行中，宽广的历史视野、深邃的历史眼光、前瞻的战略思维、科学的共享共治无疑是谋事创业之道、促进和平与发展之要。

秩序调整推动全球大变局。现行的国际秩序在某些国家“退群”“废约”之下已经力不从心，不合理、不公正的弊端凸显。特别是疫情之下某些国家的反应颇让人意外。有些国家在事关人民最基本的生存权、发展权等问题上闪烁其词，“佛系”抗疫错过时机。

我们注意到，在疫情防控过程中世界多极化的主要力量既相互借重又相互制约，深刻影响着国际格局的演变。中国已前所未有地走近世界舞台中央。一方面，越是关键时刻，越能看出谁在坚守国际道义高地。中国经验、中国方案正为世界增强信心，为他国抗击

疫情指明道路；另一方面，中国强大的制造能力将为全球战胜病毒鼎力相助、编织防控疫情“安全网”。可以说，“一带一路”倡议以驼铃和风帆、港口和集市唤醒了古老欧亚大陆的勃勃生机，不仅造福中国人民，增加了沿线各国人民的获得感，更以其共同发展、共谋繁荣的治理理念、治理魅力令人刮目相看、携手同行。这些成功案例、治理思路亦将为破解全球抗疫难题提供中国智慧和中国方案。

瞩目于维护国际秩序的“中国贡献”。近年来，单边主义、保护主义抬头，逆全球化思潮暗流涌动，全球再次面临“失序”的风险。是开放还是封闭，是前进还是后退，人类面临新的重大抉择。身处数百年未有之大变局，越来越多人发现，在“西方之乱”的映照下，从70多年“中国之治”中，找到了解开世界治理难题的钥匙。

世事纷繁多元应，纵横当有凌云笔。中国始终是世界和平的建设者、全球发展的贡献者、国际秩序的维护者。中国近年来从打造遍布全球的伙伴关系网络，到提出“一带一路”倡议；从推动达成气候变化《巴黎协定》，到平衡推进2030年可持续发展议程……中国在伙伴关系、安全格局、经济发展、文明交流、生态建设等方面做出的积极努力，呈现了一个拥抱和平与发展、立志有序有力推动全球治理的大国气象。

而这一气象和挪威学者约翰·加尔通十多年前的判断似乎有点不谋而合。他在最近刷屏的那本书中断言：未来的世界将更具有整体性，凸显人类共同事业——使得百花齐放、百家争鸣。实际上，让这个社会变得更美好，还需要像中国这样有责任感的大国秉持人类命运共同体的全局观念，更多地承担起时代发展的社会治理责任。

九万里风鹏正举，五千年故国逢春。

行走在风险与挑战并存的航道里，与异域他国分享木桃和琼瑶，这本身就是一个美好的人间征象，呈现出一个理性、包容、谦逊和自信的中国形象。在对未来的期许中，中国对国际秩序的探索与贡献之所以能赢得越来越多国家和人民的认同，或许就是契合了各国人民内心深处对美好生活的渴望，对不确定性的情感支撑。展望未来，中国同世界各国一道，妥善处理眼前利益与长远利益，用智慧和汗水共同浇筑人类命运共同体的世界之梦。

跋

历经数年的跋涉，我现在仍然有点惶恐。跟上一本《传奇中国：从小岗村到“地球村”——改革开放四十年启示录》相比，这一次的写作，我尝试着做一点突破，样本就是奥地利作家斯蒂芬·茨威格的名著《人类的群星闪耀时》，努力将中国共产党成立百年来风雨赶考路上的荣耀繁华、闪烁星光、动人一瞬再现，共同感知撼人心弦的岁月。

百年饮冰，难凉热血。

这些年，因学习、工作的关系，我瞻仰过很多革命红色遗址遗迹，足迹遍及北京，天津，重庆，浙江嘉兴，广东广州，江西南昌、井冈山，福建古田，安徽怀宁、金寨，陕西西安、延安，贵州遵义，江苏徐州、淮安，河北唐山、乐亭，山东临沂、曲阜，云南腾冲，等。2011 年夏天，在筹备位于上海市虹口区的中共四大纪念馆展览、征集史料的过程中，我和几位同事专程去了一趟湖南、湖北等地。革命时期那里涌现出许多历史人物，我们所到之处，都是党史书籍上熟悉的名字：毛泽东、刘少奇、董必武、陈潭秋、蔡和森、向警予、李立三、李富春、蔡畅、杨得志等。

我喜欢历史，它能让我们切实感受到时间的宽度、温度和深度。

毫无疑问，解读历史绝不会只有一种答案。我时常用一种断裂去追补另一种断裂。求学和工作的岁月都是美好的回忆。江苏睢宁的桑田、苏州的青石板路、徐州的云龙山，北京颐和园的戏水河道、圆明园的废墟、午后的三角地书店，上海兴业路的红色殿堂、衡山路的梧桐落叶，西藏日喀则博物馆的巍峨雄伟，四大纪念馆外的1925年红色地图和泰山石，上海市委党校校史馆的展览，外滩建筑群的文化承载……这一切都变成了人生的片片剪影，映衬着老家动迁后珍藏的几块红砖。

少年离家情更怯，双鬓向人再无青。百年风雨兼程，从石库门到天安门，从兴业路到长安街，从嘉兴南湖到中南海，上海的秘密电台、井冈山的樱枪、松潘草地的精神丰碑、夹金山的风雪、娄山关的英姿、万里地道战，等等，悠悠岁月熔铸了党史宝鼎，风展红旗如画，锻造了昂扬向上、不屈不挠的民族风骨。

写作是辛苦的。

史如疾风快马，亦如幽暗回廊，如果不细加捡拾，或许会渐渐隐去光芒。苏联作家奥斯特洛夫斯基曾说过：理想对我来说，具有一种非凡的魅力，我的理想总是充满着生活的泥土气息。像很多作家描绘的乡愁一样，我们总是期盼着记忆中的故乡的村口永远有棵不老的柳树、洋槐树，因为在内心深处已把它们看成情感的寄托。

内容很精彩，表达更重要。国家一级演员何冰关于后浪和前浪的暗喻，揭示了时代的品质和变化。而我们的记忆，仿佛就像昨天小学老师教我们唱的一样“八十年代的新一辈”，记忆开始久远，窗外窗内，波痕渐淡，咀嚼了时代变迁的菁华，一群时代雕像耸立，生活的原初带着纯净、清纯和青草的芳香，牛羊远处叫，书声亦琅琅，一切是如此的清晰可辨。今年，莫言先生对话新青年，说到爷爷迎风屹立的身影对他的终身影响，还提到熟记新华字典的小窍门，从另外一个角度折射了那个时代缺少阅读资料、生活自立自强的真实图景。

写作就是寻找一种回家的感觉，驻于心中的文化乡愁。高一时第一次买的书《彭德怀自述》，现在还保存着。后来以此为基础，专门收藏本人撰写的回忆录，在我看来，它们比代笔的要多点性情表露、多点直指人心。那些熟悉的人和事，待看到细节、触摸到历史的律动，内心深处涌动的是感激之情，涌动的是一种坚守，涌动的是一种立场。几十年过去了，生命之痕如水过玻璃，紧紧相依相知，不动声色。

我常在夜深人静的时候，抚读百卷，翻阅历史人物的口述史、传记、回忆录、研究文章，去印证一个历史事件的过往序章，去探秘，去钩沉，去复盘那个时代的雄浑气势，去回望中华民族顽强奋进的精神成长！

胸中有丘壑，凿石堆山河。我们的根，就扎向这历史深处，不断吮吸、汲取、滋养。

理想如星晨，我们永不能触到，却可以借着星光在人生海洋中远航。这本书中的历史人物、伟大事件，如同曙光的星星、留在心上的歌声、曼舞在历史中的片语吉光，照亮了我们民族生生不息的魂魄，支撑着我们的心灵和身躯，不蔓不枝、意志顽强，向着更加蓬勃、更加生动、更加饱满、更加郁郁葱葱的状态伸展。

春秋时期政治家子产曾说过这样一句话：“政如农功，日夜思之，思其始而成其终。”我亦以此激励自己，在案牍公文工作之余查阅书籍、资料积累，从2020年秋天动笔，写到去岁5月初，前后8个多月，对自己来说既是学习，也是一次心灵洗礼的过程，在这里记录忠诚、记录信任、记录感恩、记录幸福，不仅可以清晰地看到一个大党走过的百年路，还可以展望民族复兴未来之景。好事多磨，终于能在今岁七一和读者见面。

感谢秦朔老师、刘统老师、葛玮先生、杨金志先生、夏正玉先生、王海滨先生对我的鼓励和关切。感谢策划统筹曾忆梦老师的督促，加快了本书的进度。书中难免有失准确、精当、客观，诚请各位方家不吝赐教。

李作言

壬寅夏至于上海虹口